JETZT GEHT'S UMS GELD

EINFACH VERSTEHEN!

Text:
Eddie Reynolds, Matthew Oldham und Lara Bryan

Illustrationen:
Marco Bonatti

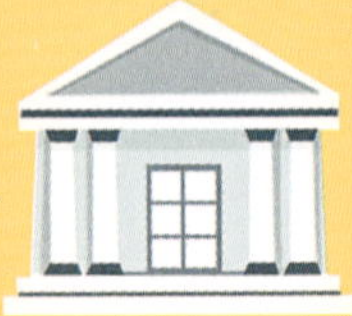

Inhalt

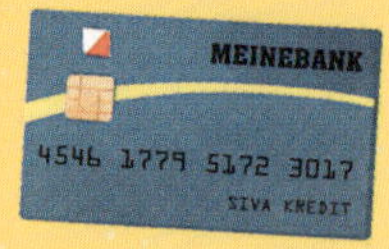
MEINEBANK
4546 1779 5172 3017
SIVA KREDIT

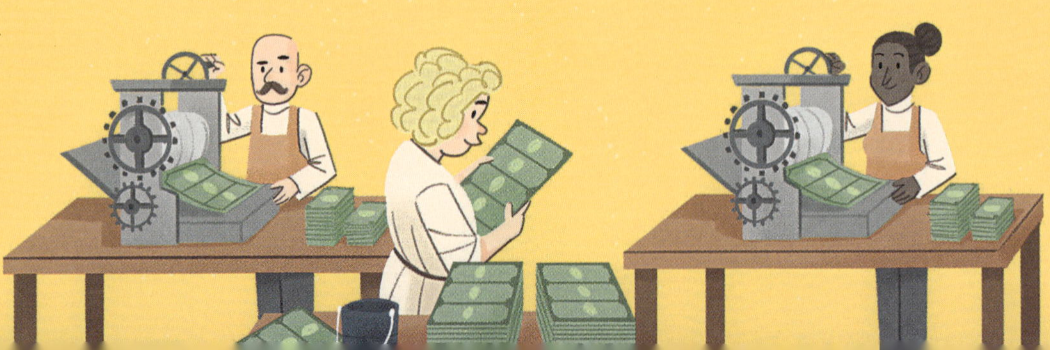

Hinweis zur inklusiven Sprache:

Uns bei Usborne ist es wichtig, dass sich alle Leserinnen und Leser unserer Bücher angesprochen und willkommen fühlen. Deshalb verwenden wir verstärkt genderneutrale Formulierungen und wechseln weibliche und männliche Personenbezeichnungen ab. Bei Büchern, in denen dies noch nicht umgesetzt ist, bemühen wir uns, dies zeitnah nachzuholen.

Was ist Geld?

Bankkaufleute, Buchhalter und Wirtschaftswissenschaftler haben täglich mit Geld zu tun – und haben alle auch unterschiedliche Meinungen dazu, was Geld eigentlich ist. Die einfachste (etwas verkürzte) Antwort lautet: Geld ist alles, was als Zahlungsmittel anerkannt wird. Theoretisch könnten das also ganz verschiedene Dinge sein.

Wir wollen das Computerspiel auch einmal ausprobieren, Ben! Können wir es dir abkaufen?
Klar. Was gebt ihr mir dafür?
Du bekommst unsere Aufkleber.
Wir machen deine Hausaufgaben für dich.
Wir bezahlen mit Möhren für dein Mittagessen.

Leider sind Aufkleber oder Möhren als Zahlungsmittel nicht bei allen Menschen beliebt. Deshalb gibt es zwei Arten von Geld, die bei den meisten von uns täglich zum Einsatz kommen: **Bargeld** und **elektronisches Geld**.

Münzen und Banknoten werden als Bargeld bezeichnet. In der Regel wird es im Austausch für etwas anderes gegeben – in diesem Fall für Bens Videospiel.

Habt ihr kein Bargeld?
Ich habe fünf Euro.
Ich habe fünf Dollar aus den USA.
Ich habe 500 Baht aus Thailand.
Ich gebe euch das Spiel, wenn ich die fünf Euro bekomme. Das andere Geld kann ich nicht gebrauchen.

Jede Münze und Banknote gehört zu einer **Währung.** Damit bezeichnet man das Geld, das in bestimmten Ländern verwendet wird.

Im Gegensatz zu Bargeld kann man elektronisch gespeichertes Geld (oder E-Geld) nicht anfassen. Jeder, der ein **Bankkonto** besitzt, hat E-Geld. Es steht auf verschiedenen Medien zur Verfügung – sodass man bargeldlos für etwas bezahlen kann.

Oh, wow, die Schuhe dort im Schaufenster sind sooo cool! Ich habe aber nicht genug Bargeld dabei. Kann ich auch anders bezahlen?
Natürlich!
25€
coole-schuhe.com
Wir akzeptieren Kartenzahlung.
Bitte geben Sie Ihre PIN ein.
Sie können mit einer App auf Ihrem Smartphone bezahlen.
Bezahlen per Fingerabdruck
Scannen Sie Ihren Fingerabdruck zur Bezahlung Ihrer Schuhe.
Wenn wir die Schuhe nicht in Ihrer Größe hier haben, können Sie sie auch online bestellen und bezahlen.
coole-schuhe.com
BEZAHLEN

Beim Bezahlen mit elektronischem Geld wechseln keine Münzen oder Banknoten den Besitzer. Das E-Geld wird stattdessen vom Bankkonto des Käufers auf das Bankkonto des Verkäufers (oder Händlers oder Unternehmens) überwiesen.

Hinter den Kulissen läuft die Übertragung von elektronischem Geld von einem Konto auf ein anderes mitunter ziemlich kompliziert ab.

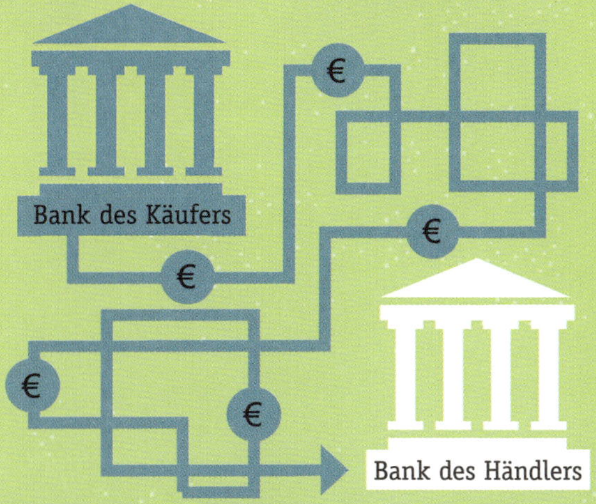

Bank des Käufers
€
Bank des Händlers

Geld im Umlauf

Geld wird ständig vom einen zum anderen weitergegeben. Solche Geldbewegungen werden als **Tausch** oder als **Transaktion** bezeichnet. Hier sind einige der wichtigsten Formen:

Einkommen

Die meisten Menschen **verdienen** Geld, indem sie arbeiten und dafür von jemandem **bezahlt** werden. Mehr dazu erfährst du im 4. Kapitel.

Juhu, mein erster Lohn! Was ich damit alles machen kann …
Und wenn ich *mehr* Geld brauche?
Vielleicht kann ich mir welches leihen.

Ausgaben

Menschen **geben** ihr verdientes Geld für Dinge **aus**, die sie brauchen, zum Beispiel für Lebensmittel und Strom, und für Dinge, die sie haben wollen, etwa Bücher und Süßigkeiten. Mehr zum Thema Ausgaben findest du im 5. Kapitel.

Steuern

Jeder muss einen bestimmten Teil seines Verdienstes an die Regierung abgeben. Damit werden **öffentliche Güter** wie Schulen und Krankenhäuser finanziert. Diese Abgaben heißen **Steuern**.

Mehr dazu im 6. Kapitel.

Spenden

Eine kleine Spende für die Korallenriffe!
RETTET DIE RIFFE

Einige Organisationen und Stiftungen sind darauf angewiesen, dass Menschen ihnen **freiwillig** Geld geben. Eine solche Zuwendung bezeichnet man als **Spende**. Im 5. Kapitel findest du mehr dazu.

Investitionen

Eine Investition ist, wenn jemand für etwas Geld ausgibt, das ihm später einmal **mehr Geld einbringen** könnte.

Ich habe dieses Kunstwerk gekauft. Hoffentlich steigt sein Wert im Laufe der Zeit. Dann kann ich es verkaufen und dabei Gewinn machen.

Es gibt viele verschiedene Arten von Investitionen. Mehr dazu findest du auf den Seiten 78 bis 81.

Kredite

Wenn Menschen sich etwas nicht leisten können, **leihen** sie sich manchmal Geld, zum Beispiel von einer Bank.

Ich habe mir Geld geliehen, um ein Haus kaufen zu können.

Geliehenes Geld wird als **Kredit** bezeichnet. Alle Kredite müssen zurückgezahlt werden. Mehr zu diesem Thema gibt's im 4. Kapitel.

Transaktionen und Tauschvorgänge wie diese laufen zwischen Personen, Unternehmen, Organisationen und sogar Regierungen ab. In den meisten Fällen bewegt sich Geld auf diese Arten, aber nicht immer …

Diebstahl

Geld kann auch den Besitzer wechseln, indem es gestohlen wird, was natürlich **gesetzeswidrig** ist. Innerhalb eines einzigen Jahres werden weltweit viele Hundert Milliarden Euro gestohlen. Mehr über Geldverbrechen findest du auf den Seiten 66 und 67.

Uahaha! Ich habe gerade die Konten von 50 Leuten gehackt. Jetzt gehört all ihr Geld MIR!
Ähm! Das habe ich gehört!

Alles Geld der Welt

Niemand weiß genau, wie viel Bargeld und elektronisches Geld auf der Welt unterwegs ist. Die exakte Summe ist schwer zu berechnen, weil es so viele verschiedene Währungen gibt. Im Jahr 2017 waren laut einer Schätzung der US-Regierung weltweit über 80 Billionen US-Dollar (USD) im Umlauf, diese Summe ändert sich aber jeden Tag.

Das könntest du mit 80 Billionen US-Dollar kaufen:

… rund 350 Millionen Häuser im kanadischen Québec zu einem Preis von je 300 000 kanadischen Dollar (CAD).
Das wären beinahe zehn Häuser für jeden Einwohner Kanadas.
… 160 Milliarden Flüge von Paris nach New York und zurück (je 490 USD).
Dein Flug würde länger dauern als die gesamte bisherige Menschheitsgeschichte.
NORDAMERIKA
… 1,3 Billionen Mikrowellenherde in Ohio (je 55 USD).
Wenn du sie alle übereinanderstapelst, reicht der Turm weiter als bis zur Sonne!
… 160 Billionen Rollen Toilettenpapier in Bolivien. Ein Viererpack kostet ca. 14 Boliviano (BOB).
Damit könnte man Südamerika mit über 20 Schichten Toilettenpapier bedecken.
SÜDAMERIKA

Beim kanadischen Dollar und beim US-Dollar handelt es sich um verschiedene **Währungen**, auch wenn beide Dollar heißen. Es gibt noch viele andere Währungen, z. B. Boliviano oder japanischer Yen. In Europa bezahlt man in 19 Ländern mit dem Euro (EUR).

Es gibt derzeit über 160 Währungen, die in fast 200 Ländern verwendet werden.

Eine Einheit einer bestimmten Währung, zum Beispiel ein Euro, ist selten genauso viel Wert wie eine Einheit einer anderen Währung, zum Beispiel ein Boliviano.

Die Hauptwährung in China ist der Yuan. Im März 2021 war ein Yuan so viel wert wie ungefähr …

… elf Rubel, der Währung in Russland.

… acht Denar, der Währung in Nordmazedonien.

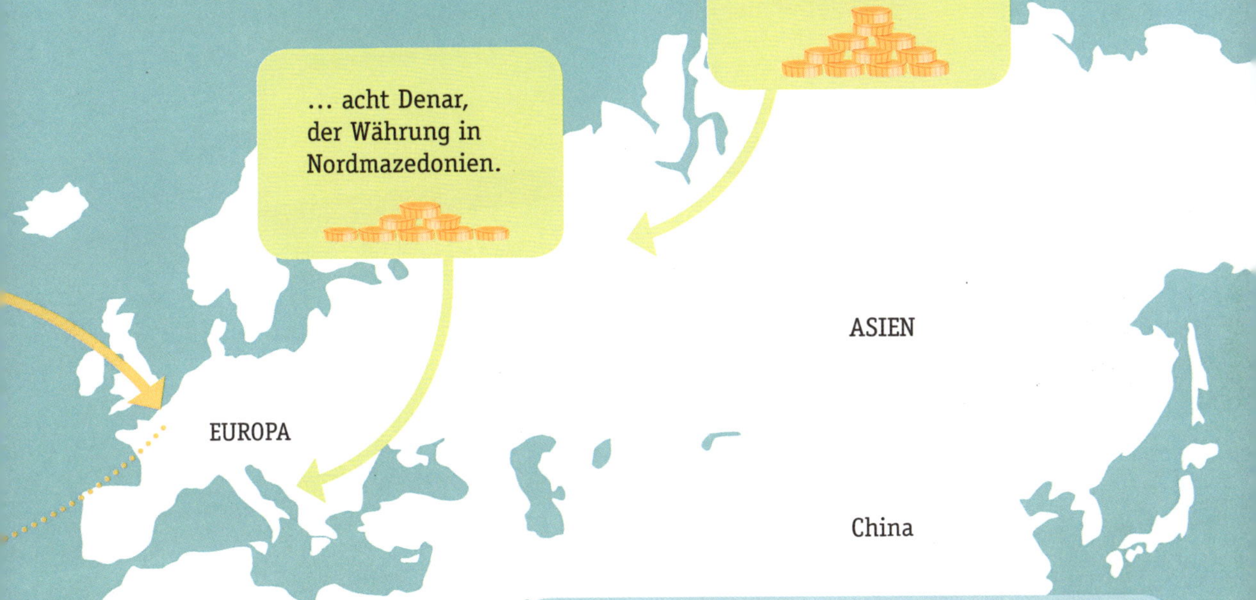

… sechs Birr, der Währung in Äthiopien.

… zwei Rand, der Währung in Südafrika.

Auf den Seiten 20 und 21 kannst du nachlesen, warum sich die Wechselkurse ständig ändern.

Der Wert einer Währung im Verhältnis zu anderen Währungen ändert sich täglich. Das hängt vom sogenannten **Wechselkurs** der Währungen ab.

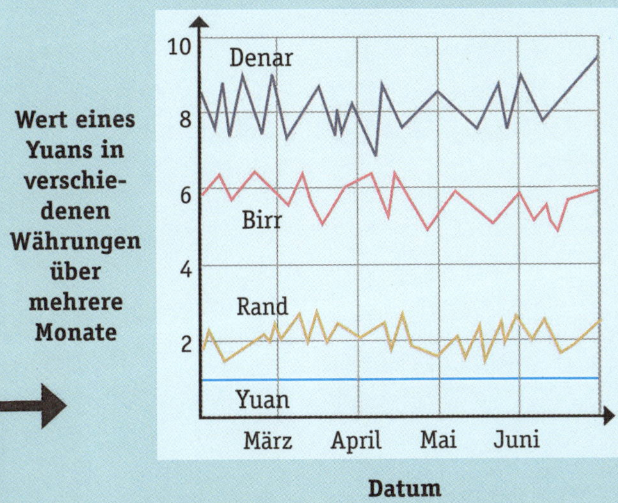

Regeln rund ums Geld

Die Menschen befolgen – oft völlig unbewusst – zahlreiche Regeln, wenn sie mit Geld zu tun haben oder darüber reden. Solche Gepflogenheiten verändern sich mit der Zeit und unterscheiden sich von Land zu Land oder sogar von Familie zu Familie.

An manchen Orten, zum Beispiel in Supermärkten, sind die Preise meist festgelegt …

2€ pro Bund
4 für 1€
1€ pro Stück

… an anderen Orten nicht. Dann wird über den Preis **verhandelt.**

Zwei Euro pro Bund.
Ein Euro.
Ein Euro fünfzig.
Einverstanden!

Manchmal bezahlt jeder seinen Anteil …

Lass uns die Rechnung teilen.

… und manchmal bezahlt einer für alle.

Ich übernehme die Rechnung! Ihr seid eingeladen.

Für guten Service bezahlt man etwas mehr und gibt das sogenannte **Trinkgeld.**

In Deutschland gibt man in der Regel zehn und in den USA 20 Prozent Trinkgeld. In Südostasien hingegen ist das eher unüblich.

In Korea und in Japan werden Geld und Geschenke – als Zeichen des Respekts – mit beiden Händen überreicht.

Über Geld sprechen

Viele (sehr viele!) Menschen machen sich Sorgen ums Geld, egal, ob sie zu viel oder zu wenig davon haben – oder das zumindest glauben. Unterhalte dich nur mit Leuten über Geld, denen du vertraust. So kannst du dich informieren und Rat einholen.

Ich habe mein ganzes Geld für diese Kopfhörer ausgegeben. Du hast gesagt, dass das keine gute Idee ist, und jetzt funktionieren sie nicht …
Keine Sorge. Wir gehen zurück ins Geschäft. Bestimmt können wir sie umtauschen.
Danke. Ich dachte, du wärst sauer auf mich …
Ich habe das Gefühl, dass ich weniger verdiene als meine Kollegen …
Das musst du nachweisen können. Frag deine Kollegen und sprich dann mit deinem Chef.

Über Geld zu sprechen, gilt manchmal auch als unhöflich. Geld ist oft ein sehr persönliches und emotionales Thema.

Wie viel hat dein T-Shirt gekostet?
Äh, das geht dich nichts an!
Ha, also war es ziemlich teuer, und das ist dir jetzt peinlich.
Und wenn schon!
Sei feinfühlig, wenn du mit anderen über Geldangelegenheiten sprichst. Schlage nicht unbedingt einen teuren Kinobesuch vor, wenn du weißt, dass dein Gegenüber es sich nicht leisten kann. Ihr könntet euch stattdessen zu Hause einen Film anschauen.
Nicht alle Menschen möchten ausführlich über ihre Finanzen sprechen. Respektiere ihre Privatsphäre.
Beurteile andere Menschen nicht danach, wofür sie ihr Geld ausgeben.

1. Kapitel: Wie Geld funktioniert

Geld ist allgegenwärtig – ob als Münzen aus Metall, als Banknoten aus Papier oder als Zahlen auf einem Bankkonto. Die meisten Menschen haben jeden Tag mit Geld zu tun, ohne genauer darüber nachzudenken, was es eigentlich ist und wie es funktioniert.

Nicht alles eignet sich als Zahlungsmittel. Geld muss verschiedene Eigenschaften erfüllen, damit es einen bestimmten Wert hat. Auf den folgenden Seiten erfährst du mehr darüber, wie Geld funktioniert.

Warum brauchen wir Geld?

Geld ist dafür da, um etwas zu kaufen, oder? Ja, das stimmt, aber es dient auch anderen Zwecken. Wenn es nur ums Kaufen ginge, wäre das auch ohne Geld möglich …

Gibst du mir dein Spiel, wenn ich dir diese Möhren gebe?
Super! Mein Schulbrot war heute ein bisschen klein. Guter Deal.
FUSSBALL 4

Diese Art von Kauf wird als **Tauschhandel** bezeichnet, für den du kein Geld benötigst. Aber wie lässt sich etwas tauschen, wenn nur einer etwas hat, das der andere möchte?

Eine Woche später …
Gibst du mir ein neues Spiel für diese Möhren?
Ich möchte heute keine Möhren. Hast du Obst?
Nein. Ich suche jemanden, der mir Obst für meine Möhren gibt, und dann bezahle ich dich in Obst, okay?
Hört sich kompliziert an. Viel Erfolg!

In solchen Situationen ist Geld ein praktisches Zahlungsmittel. Üblicherweise nimmt jeder gern Geld an – du kannst damit also fast immer das kaufen, was du möchtest.

Warte mal … mein Geburtstagsgeld! Willst du diese fünf Euro?
Problem gelöst!
Hm, was könnte ich mit dem Geld machen?
B-BALL 19

Wir nutzen Geld als **Zahlungsmittel** oder **Tauschmittel**, wenn wir etwas kaufen oder miteinander handeln. Geld lässt sich aber auch anders verwenden. Du könntest es zum Beispiel sparen, um es später auszugeben oder um über eine längere Zeit hinweg eine bestimmte Summe anzusparen.

Ich hätte so gern eine Gitarre, aber ich habe nur fünf Euro. Ich muss anfangen zu sparen.
BENS SPARPLAN: GITARRE
Taschengeld
Rasen mähen
Zeitungen austragen
Nur noch ein paar Monate, dann habe ich genug Geld für meine Traumgitarre!

Wenn Geld so verwendet wird, nutzt man es zur **Wertaufbewahrung**. Geld lässt sich jedoch nur sparen, weil es einen bestimmten Wert behält.

Wir verwenden Geld auch dazu, einen Wert zu messen, so wie wir mithilfe von Minuten und Stunden die Zeit messen. Dadurch lässt sich leichter feststellen, was man sich leisten kann, und leichter vergleichen, welchen Wert verschiedene Dinge haben.

Du bist vielleicht nicht immer mit dem Preis einer Sache einverstanden, aber auch dann misst du ihren Wert mit Geld.
Diese Gitarre ist billiger als die andere dort. Wenn ich sie kaufe, habe ich noch genug Geld für einen Gitarrenkoffer übrig.
Gitarrenkoffer
~~100€~~ 69€
Plektren 1€
Saiten 3€
175€
499€
149€
Verstärker: 400€
Willkommen in
PAULS GITARRENLADEN

In diesem Fall wird Geld als **Recheneinheit** verwendet.

Unkompliziertes Geld

Geld funktioniert nur, wenn es sich einfach handhaben lässt. Nicht umsonst verwendet man Bargeld und E-Geld überall auf der Welt, Möhren aber nicht unbedingt. Geld hat bestimmte Eigenschaften, mit denen es seine verschiedenen Funktionen gut erfüllen kann. Dinge, die sich am besten als Geld eignen, sind …

TRAGBAR

(Es lässt sich leicht transportieren.)

Wie Geld.
Wie E-Geld.
Wie Möhren!

EINHEITLICH

(Jede Einheit einer Währung mit dem gleichen Wert sieht auch gleich aus.)

Wie Geld.
Wie E-Geld.
Wie gleich große Möhrenstücke!
1€
1€

TEILBAR

(Die Einheiten lassen sich in kleinere Teile gliedern, um jeden beliebigen Preis bezahlen zu können.)

Wie Geld.
Wie E-Geld.
Wie gleich große Möhrenstücke in jeweils verschiedenen Größen!
56ct

DAUERHAFT

(Es geht nicht kaputt und verdirbt nicht.)

Wie Geld.
Wie E-Geld.
Oh …
KONTOAUSZUG
MAI 1998

In der Praxis sind nicht einmal Bargeld und E-Geld perfekt. Banknoten können reißen, Münzen sich abnutzen, Kreditkarten brechen und Computerausfälle in Banken E-Geld verschwinden lassen. Meistens funktioniert unser Geld aber ganz gut.

Flüssiges Geld

Geld „fließt“ ganz unkompliziert von Person zu Person und von Unternehmen zu Unternehmen. Fast jeder akzeptiert Geld als Zahlungsmittel, sodass man mit Geld fast alles kaufen kann, wenn es verfügbar ist. Diese Eigenschaft von Geld wird als **Liquidität** (lat. *liquidus*, flüssig) bezeichnet.

Wenn ein Kunde in einem Geschäft eine Jacke kauft, kann das Geld aus dem Verkauf auf viele verschiedene Arten verwendet werden.
Der Geschäftsinhaber kann mit einem Teil des Geldes weitere Jacken von einer Fabrik kaufen.
Der Inhaber bezahlt auch mich mit einem Teil des Geldes, damit ich die Jacken und anderes verkaufe.
Mit einem Teil DIESES Geldes bezahlt der Fabrikbesitzer uns für die Herstellung der Jacken.
Der Fabrikbesitzer kann mit dem Geld Werkzeuge und Maschinen kaufen.
Die Fabrikarbeiter und Verkäufer können mit ihrem Geld Dinge für den eigenen Gebrauch erwerben.
Dasselbe Geld wird also stets weitergegeben. Jeder kann damit die Dinge kaufen, die er braucht oder möchte.
Das Geld fließt in einem ständigen Kreislauf zwischen Käufern und Verkäufern.

Der Wert des Geldes

Geld ist nicht so kostbar wie Nahrung, Unterkunft oder Wasser, denn Menschen können ohne Geld leben. Münzen, Banknoten und elektronisches Geld sind nur aus einigen bestimmten Gründen wertvoll:

1.

Weil wir es sagen – und alle uns glauben.
REGIERUNG
ZENTRALBANK

Es ist gesetzlich festgelegt. Unser Geld ist sogenanntes **Fiatgeld**. Das heißt, es ist nur wertvoll, weil Regierungen seinen Wert per Gesetz bestimmt haben.

Damit die Bürger diesen Gesetzen vertrauen, teilen die meisten Regierungen die Verantwortung für das Geld in ihrem Land mit der sogenannten **Zentralbank**. Mehr über Zentralbanken kannst du im 6. Kapitel nachlesen.

2. Zentralbanken und Regierungen steuern die Geldmenge.

Stell dir vor, Fotos von Münzen und Banknoten könnten als Bargeld verwendet werden …

Schaut mal! Ich habe eine Münze gefunden. Wer will sie haben? Ich habe aber nur eine …
Ich mache schnell ein Foto und nehme das. Du kannst die Münze behalten.

Das scheint eine gerechte Lösung zu sein, da jeder Geld bekommt. Wenn das aber erlaubt wäre, würde die echte Münze – und alle Fotos von ihr – ihren gesamten Wert verlieren.

Könnte jeder eine unbegrenzte Menge von Geld herstellen, bräuchte niemand es von jemand anderem und niemand würde es für irgendetwas tauschen.

Im echten Leben, in dem nur eine begrenzte Menge von Geld verfügbar ist …

Schaut mal! Ich habe eine Münze gefunden. Wer will sie haben? Ich habe aber nur eine …
Ich!
Gib sie mir!

Es gibt nur eine einzige Münze, aber drei Personen, die sie haben wollen. Die Münze ist sehr begehrt und dadurch wertvoll.

3. Bargeld darf nur an bestimmten Orten und unter strengen Sicherheitsbedingungen hergestellt werden.

Münzen und Banknoten sollen einen hohen Wiedererkennungswert haben, aber schwer zu kopieren sein – damit niemand sein eigenes Geld produzieren kann. Hier sind einige typische Sicherheitsmerkmale:

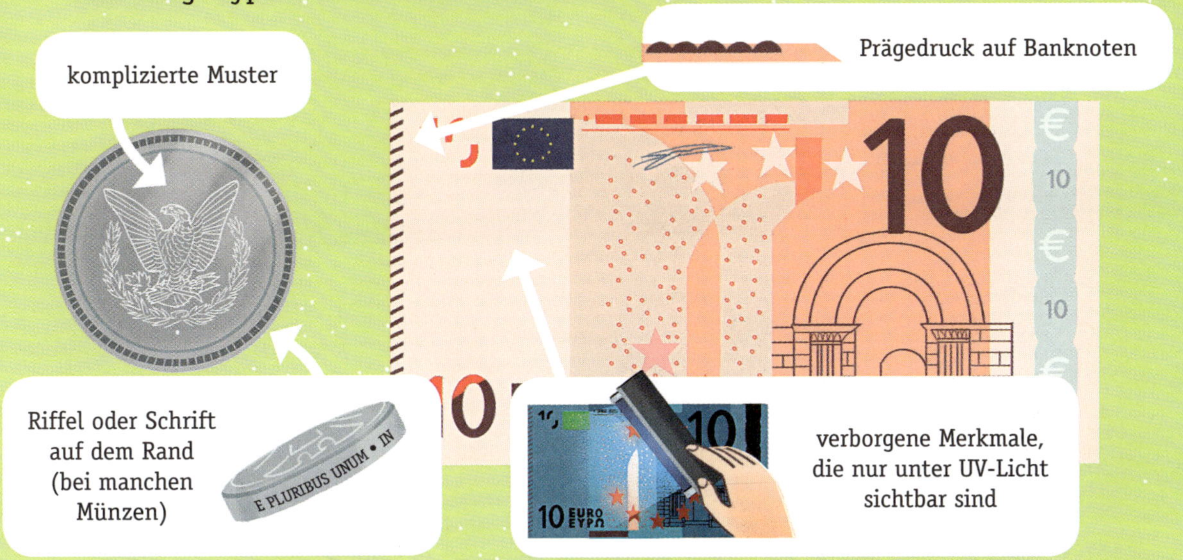

Trotz aller Sicherheitsmerkmale gelingt es Kriminellen immer wieder, gefälschte Münzen und Banknoten, sogenanntes **Falschgeld**, herzustellen. Das ist aber ein sehr kompliziertes Unterfangen. Weist eine Banknote alle Sicherheitsmerkmale einer echten Banknote auf, ist sie aller Wahrscheinlichkeit nach rechtmäßig produziert.

Digitaler Wert

Auch wenn E-Geld nicht mit den Händen zu greifen ist, vertrauen wir trotzdem auf seinen Wert, und zwar aus denselben drei Gründen.

1.) E-Geld kann in Bargeld getauscht werden, dessen Wert von Zentralbank und Regierung festgelegt wurde.

2.) Es gibt Regeln, wie Banken E-Geld schaffen und wie viel sie schaffen dürfen.

3.) Es ist möglich, falsches E-Geld in Umlauf zu bringen, aufgrund der dazu nötigen Hackerkenntnisse ist es aber genauso schwierig wie das Fälschen von „echtem“ Geld.

Währungen

Geld ist nicht überall auf der Welt gleich. Jedes Land hat in der Regel sein eigenes Geld oder seine eigene **Währung**. Die Menschen und Unternehmen in diesem Land möchten in „ihrer“ Währung bezahlt werden.

Manchmal braucht man Geld in einer anderen Währung, zum Beispiel für einen Urlaub im Ausland oder für einen internationalen Geschäftsabschluss.

Für den Umtausch von einer Währung in eine andere musst du wissen, wie viel die Währung im gegenseitigen Vergleich kostet. Das ist der sogenannte **Wechselkurs.**

In einer sogenannten **Wechselstube** kannst du Geld wechseln, also eine Währung in eine andere umtauschen. Meist bieten auch Banken oder Postämter diesen Service an. Der relative Wert der einzelnen Währungen wird oft auf großen Tafeln angezeigt.

Auf dieser Tafel ist zu sehen, welchen Wert 1 US-Dollar in anderen Währungen hat.

Zeit und Datum werden angegeben, weil sich die Wechselkurse ständig ändern.

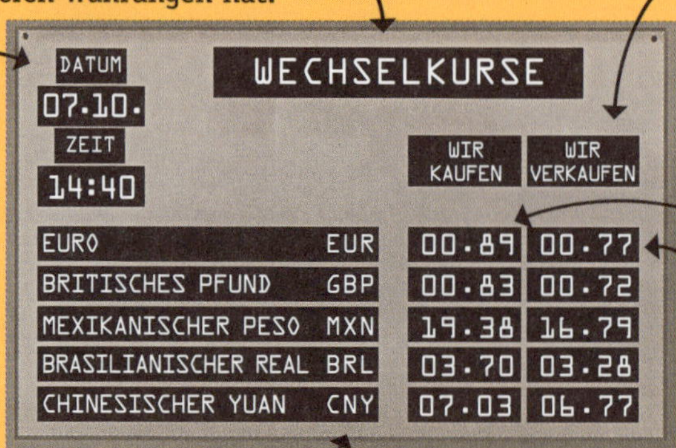

Unternehmen wie Wechselstuben leben davon, dass sie Geld zu einem bestimmten Wechselkurs kaufen und zu einem anderen verkaufen.

Kunden, die mit Euro US-Dollar kaufen möchten, bezahlen 0,89 Euro für 1 US-Dollar.

Jede Währung der Welt hat einen einzigartigen Code aus drei Buchstaben.

Kunden, die mit US-Dollar Euro kaufen möchten, bekommen nur 0,77 Euro für 1 US-Dollar.

Der Wert einer Währung ändert sich ständig und hängt davon ab, wie viele Menschen sie haben möchten. Je größer die Nachfrage, umso höher ihr Wert.

Wert
Wenn der Wert einer Währung gestiegen ist und voraussichtlich weiter steigen wird, spricht man von einer **starken Währung**.
Wenn der Wert einer Währung gesunken ist und voraussichtlich weiter sinken wird, spricht man von einer **schwachen Währung**.
Wenn eine Währung unberechenbar oder **instabil** ist, kann das dazu führen, dass die Menschen kein Vertrauen mehr in sie haben.
Eine schwache Währung ist nicht unbedingt schlecht. Sie kann das Wirtschaftswachstum eines Landes ankurbeln, weil die Unternehmen ihre Produkte in anderen Ländern günstiger verkaufen können.
Zeit

Manche Währungen sind gefragter als andere. Dafür gibt es verschiedene Gründe.

Wertvolles Vertrauen

Der Wert einer Währung hängt davon ab, wie viel Vertrauen die Menschen in die Regierung des entsprechenden Landes haben. Vertrauen die Menschen ihr nicht, sinkt der Wert der Währung.

Gute Geschäfte

Je besser sich die Wirtschaft eines Landes entwickelt, umso größer ist die Nachfrage nach der Währung.

Wie viel neues Geld?

Im Euroraum entscheidet die **Europäische Zentralbank (EZB)**, in anderen Ländern auch die Regierung, wie viel neues Geld entstehen soll. Wenn die Geldmenge und somit der Bestand der Währung reduziert wird, kann diese unter Umständen teurer werden.

Ist eine Währung stark und stabil, eignet sie sich als **Reservewährung**. Banken und Regierungen kaufen eine solche Währung, um ihr Vermögen anzulegen. Heutzutage ist der US-Dollar die führende Reservewährung, aber auch der Euro, das britische Pfund und der chinesischen Yuan sind typische Reservewährungen.

2. Kapitel: Die Geschichte des Geldes

Geld gibt es mindestens schon so lange, wie Menschen in der Lage sind, etwas aufzuschreiben. Das wissen wir, weil viele der ältesten gefundenen Schriftstücke Zahlungsbelege oder Schuldenlisten sind.

Wahrscheinlich existierte aber schon viel früher eine Art von Geld – bevor es überhaupt ein Wort dafür gab. Die Idee des Geldes hat sich vermutlich nicht von einem einzigen Ort aus in andere Gegenden ausgebreitet. Die Menschen scheinen vielmehr überall auf der Welt den Wunsch nach einem Zahlungsmittel gehabt zu haben.

Aber wie hat es sich im Laufe der Zeit zu unserem heutigen Geld entwickelt?

(Noch) kein richtiges Geld

Die ältesten Zeugnisse dafür, dass Geld für den Handel mit Waren genutzt wurde, stammen aus Mesopotamien (im heutigen Irak) und sind 9000 Jahre alt. Historiker vermuten, dass vor dieser Zeit mit verschiedenen Methoden Handel betrieben wurde.

Manchmal wurde getauscht. Bekanntermaßen funktioniert das aber nur …
Hallo Ibbi! Kann ich BITTE eine von deinen Kühen haben?
Klar! Gib mir vier Säcke von deinem Korn dafür.
… wenn jede Seite etwas hat, was die andere Seite möchte.
Ich habe mehr Korn für dich. Gibst du mir noch eine Kuh?
Nein, danke, Nascha. Ich habe noch genug Korn übrig. Frag doch mal Kesed.
Um dieses Problem zu lösen, tauschten die Menschen so lange untereinander, bis sie etwas anderes zum Handeln fanden.
Hallo Kesed, hättest du vielleicht Interesse an meinem Korn?
Ja, sicher. Ich habe zwar keine Kuh, aber ich kann dir Hirschhäute anbieten.
Ich habe mein Korn gegen Hirschhäute getauscht. Kannst du die brauchen?
Natürlich! Die sind gerade richtig, um mich diesen Winter warm zu halten. Hier ist deine Kuh.
Je mehr die Menschen miteinander handelten, umso mehr erfuhren sie auch über die Geschäfte der anderen. Im Laufe der Zeit bekamen sie ein Gefühl dafür, was die Dinge wert waren.
Die Bergbewohner geben für zwei Hirschhäute nur DREI Säcke Korn.
Aber ich habe gehört, dass sie SECHS Säcke für eine Kuh bezahlen.
Oh nein, ich habe nur noch FÜNF Säcke übrig. Ich muss in Zukunft ein bisschen besser auf mein Korn aufpassen.

Manchmal hatten die Menschen zwar genau die richtigen Dinge für ein Tauschgeschäft, aber nicht zur richtigen Zeit. Sie versprachen, die Tauschwaren später zu liefern. Wird ein solches Zahlungsversprechen schriftlich festgehalten, spricht man von einem **Schuldschein**.

Du hast nicht zufällig noch eine Kuh für mich?
Hmm, hast du vielleicht Korn?
Es ist leider noch nicht reif, aber du bekommst es direkt nach der Ernte.
Gut, ich vertraue dir.

Auch wenn bei diesen Versprechen und Transaktionen noch niemand von Geld sprach, waren doch schon alle Merkmale von Geld vorhanden.

Nascha nahm meine Hirschhäute als **Tauschmittel**, um sein Korn gegen Ibbis Kuh einzutauschen.
Mit den Kornsäcken maßen wir, wie viel die anderen Dinge wert waren. Das Korn war unsere **Recheneinheit**.
Ibbi **vertraute** mir und gab mir seine Kuh für mein Versprechen.

Auf jeden Fall Geld

Wir wissen von den Geschäften in Mesopotamien, weil die Menschen schriftlich festhielten, was sie sich gegenseitig schuldeten und wie diese Schulden abbezahlt wurden. Die Listen gehören zu den ältesten schriftlichen Aufzeichnungen der Welt. Durch sie haben wir auch erfahren, dass die Mesopotamier Gerste als Maß für kleine Summen und Silber für größere Summen nutzten.

Ungewöhnliches Geld

Spätestens seit mesopotamischen Zeiten nutzen Menschen auf der ganzen Welt zahlreiche Dinge als „Bargeld“. Diese ursprünglichen Formen von Geld sahen sehr unterschiedlich aus …

Solche Geldformen waren teils sehr begehrt und hatten ihren ganz eigenen Wert.

Manche sahen hübsch aus.
Die glänzen so schön!
Manche waren nützlich.
Dieser Tee ist ein köstliches Getränk.
Viele waren selten.
Bei uns gibt es keine scharfen Gewürze. Wir müssen auf Händler warten, die sie uns bringen.
Pfeffer

Viele von ihnen hatten aber auch Nachteile.

Manche hatten diverse Formen oder Größen.
Wie viel ist jeder einzelne Stein wert?
Manche ließen sich nicht transportieren.
Wie soll ich diesen Stein vom Fleck kriegen?
Manche waren nicht lange haltbar.
Oh nein! In den Kakaosäcken sind Ratten.

Einige Zahlungsmittel hatten weniger Nachteile als andere. Die Gehäuse der Kaurischnecke beispielsweise waren selten und auch begehrt. Sie waren zudem **tragbar**, **dauerhaft** und hatten eine ziemlich **einheitliche** Größe.

Im klassischen Chinesisch geht das Schriftzeichen für „Besitz, Vermögen" (貝) auf das Bild einer Kaurischnecke zurück.
貝
vor 1800 Jahren
vor 3000 Jahren
vor 3500 Jahren

Kaurigeld war in China weit verbreitet. Die Schnecken waren aber so selten, dass die Menschen Bronzenachbildungen herstellten.

Die Bronzenachbildungen wurden erstmals vor rund 2400 Jahren verwendet. Sie ähnelten stark einer anderen, leicht wiedererkennbaren Geldform: den **Münzen**.

Der Siegeszug der Münze

Geld gab es im Laufe der Geschichte in vielen verschiedenen Formen; manche waren erfolgreicher als andere. Mit der Zeit setzten sich jedoch kleine, flache Scheiben aus bestimmten Metallen, insbesondere **Gold** und **Silber**, rund um den Erdball als Zahlungsmittel durch.

Die ersten Münzen wurden vor rund 2700 Jahren in Lydien (in der heutigen Türkei) hergestellt.
In China kamen Bronzemünzen wie diese vor rund 2400 Jahren auf.
Auf dem amerikanischen Kontinent tauchten Münzen mit den ersten Siedlern auf. Davor wurde mit anderen Gegenständen aus Gold gehandelt.
Nicht alle Münzen waren rund. Solche eckigen Münzen gab es vor ungefähr 2400 Jahren in Indien.

Gold und Silber waren perfekt für die Herstellung von Münzen: selten genug, um wertvoll zu sein, aber auch nicht zu selten, sodass jeder ein bisschen davon abhaben konnte.

Für alltägliche Geschäfte waren Gold und Silber zu kostbar. Deshalb gab es auch Münzen aus weniger wertvollen Metallen.

Gold
Silber
Messing
Bronze

Im alten Rom war eine einzige Goldmünze so viel wert wie 25 Silbermünzen oder 200 Messingmünzen oder 1600 Bronzemünzen.
1 Aureus (Gold)
Für die meisten Römer entsprach eine Silbermünze einem Tag Arbeit. Ein Aureus war also fast so viel wert wie ein Monatslohn.

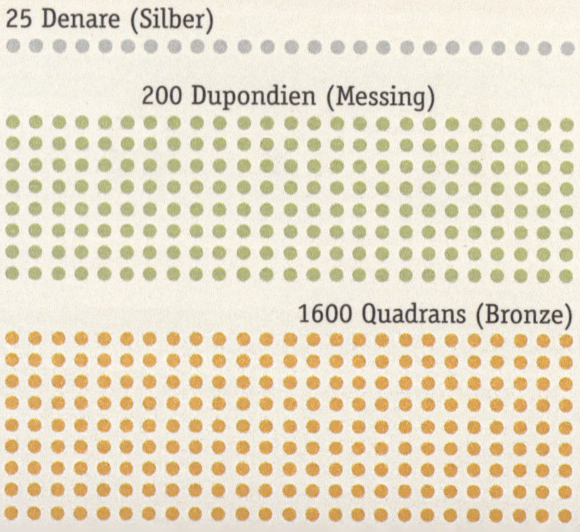

25 Denare (Silber)
200 Dupondien (Messing)
1600 Quadrans (Bronze)

Münzen wurden von den jeweiligen Herrschern oder Regierungen hergestellt oder **geprägt**, sodass sie Steuern einziehen konnten. Sie mussten gut erkennbar sein, damit man sie bedenkenlos ausgeben und annehmen konnte. Viele Merkmale von Münzen sind seit ihrem ersten Aufkommen vor rund 2700 Jahren unverändert.

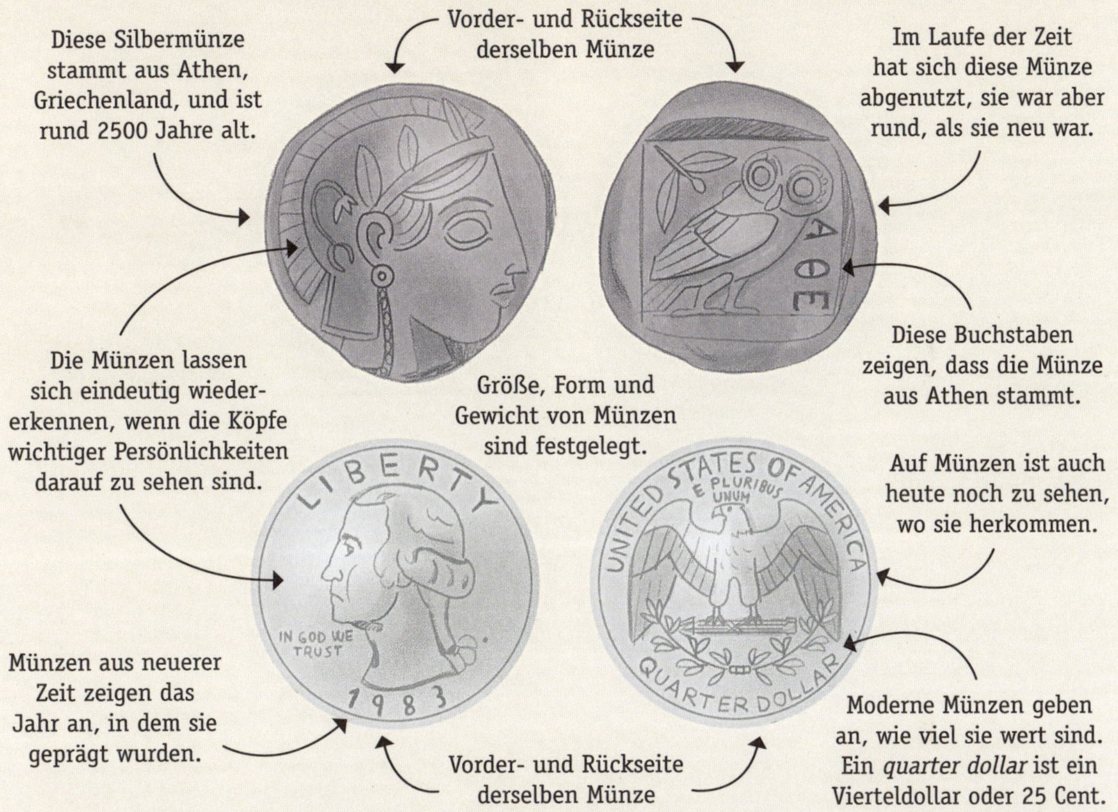

Vorder- und Rückseite derselben Münze
Diese Silbermünze stammt aus Athen, Griechenland, und ist rund 2500 Jahre alt.
Im Laufe der Zeit hat sich diese Münze abgenutzt, sie war aber rund, als sie neu war.
ΑΘΕ
Diese Buchstaben zeigen, dass die Münze aus Athen stammt.
Die Münzen lassen sich eindeutig wiedererkennen, wenn die Köpfe wichtiger Persönlichkeiten darauf zu sehen sind.
Größe, Form und Gewicht von Münzen sind festgelegt.
LIBERTY
IN GOD WE TRUST
1983
UNITED STATES OF AMERICA
E PLURIBUS UNUM
QUARTER DOLLAR
Auf Münzen ist auch heute noch zu sehen, wo sie herkommen.
Münzen aus neuerer Zeit zeigen das Jahr an, in dem sie geprägt wurden.
Moderne Münzen geben an, wie viel sie wert sind. Ein *quarter dollar* ist ein Vierteldollar oder 25 Cent.
Vorder- und Rückseite derselben Münze

Das System hat sich über tausend Jahre lang bewährt, die Münzen waren allerdings nicht perfekt. Große Mengen von ihnen waren schwer zu tragen und, was noch schlimmer war, sie konnten gestohlen werden. Außerdem entwickelten manche Menschen einfallsreiche betrügerische Methoden in Sachen Münzherstellung.

Münzbetrüger mischten bei der Produktion minderwertigere Metalle in Goldmünzen.

Sie feilten kleine Metallraspel von den Rändern echter Goldmünzen ab.

Dann wurden die feinen Metallspäne eingeschmolzen, um daraus zusätzliche Goldmünzen herzustellen.

Banknoten

Problematisch an Münzen war, dass man für teure Dinge oft große Mengen von ihnen brauchte. Vor rund 1000 Jahren ließen die Menschen sich deshalb eine neue Methode für den Umgang mit großen Geldsummen einfallen.

Schwere Münzen herumzuschleppen war harte Arbeit …

… und machte einen zum Ziel von Räubern.

Um Abhilfe zu schaffen, machten Bankleute in China den Vorschlag, die Münzen in sicheren Tresoren aufzubewahren. Dafür stellten sie ihren Kunden Papierquittungen aus, sogenannte **Jiaozi.** An ihnen war abzulesen, wie viel jemand im Tresor der Bank liegen hatte. Statt mit Münzen zahlten die Menschen nun mit diesen Belegen – und wer den Beleg hatte, konnte die Münzen bei der Bank einfordern.

Jiaozi waren die ersten **Banknoten** der Welt. China war weltweit ein Vorreiter, was günstige Verfahren für die Papierherstellung und für den Druck anging, was für die Entwicklung dieser Geldform von großem Vorteil war.

Jede Bank entwarf und druckte ihr eigenes Papiergeld. Wie heutige Banknoten auch, verfügten sie über detaillierte Muster und Abbildungen, um das Fälschen so schwierig wie möglich zu machen.

Doch auch Jiaozi waren nicht perfekt. Sie wurden nur für große Summen verwendet, also wenig genutzt, und ließen sich leichter fälschen als Münzen. Zudem war eine Bank damals ein riskantes Unternehmen. Ging sie pleite, standen die Kunden mit wertlosen Belegen für Geldsummen da, die sie nicht zurückfordern konnten.

Es dauerte eine ganze Weile, bis sich das System durchsetzen konnte. Ungefähr 400 Jahre lang spielte es sogar überhaupt keine Rolle. Nach einiger Zeit wurden in China jedoch einheitliche, von allen wichtigen Banken akzeptierte Banknoten gedruckt – ein System, das bis heute überdauert hat.

Wertloses Papier?

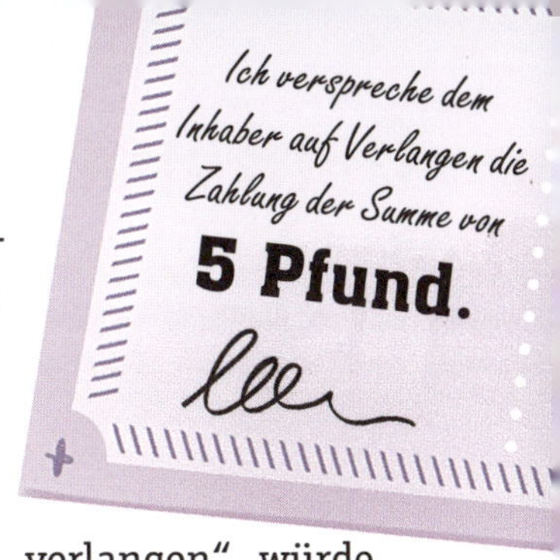
Ich verspreche dem Inhaber auf Verlangen die Zahlung der Summe von
5 Pfund.

Moderne Banknoten ähneln auch heute noch Belegen oder Quittungen, ganz wie die Jiaozi. In manchen Ländern tragen sie die Unterschrift des Zentralbankchefs, zusammen mit dem Satz:

„Ich verspreche dem Inhaber auf Verlangen die Zahlung der Summe von …“

Würdest du allerdings zu einer Bank gehen und die Auszahlung „verlangen“, würde rein gar nichts passieren. Unser heutiges Geld ist „Fiatgeld“, das heißt, es ist nicht mehr an einen Tresor voller Münzen, Goldbarren oder sonst etwas gebunden. Seinen Namen hat es vom lateinischen Wort *fiat* („es geschehe“). Es hat nur einen Wert, weil die Regierung es so bestimmt hat. Das war jedoch nicht immer so …

Im Jahr 1816 gab die britische Regierung das Versprechen, ihre Währung durch eine bestimmte Menge Gold zu decken. Das wurde als **Goldstandard** bezeichnet.
Ich könnte mit dieser Banknote jederzeit Gold im Wert von zehn britischen Pfund von der Bank einfordern. Das Gold liegt sicher im Tresor der Bank von England.

Später übernahmen andere Länder diesen Standard ebenfalls.
Kanada: 1854
Deutschland, Frankreich, USA: 1873
Schweden, Norwegen, Dänemark: 1876
Japan: 1897

Als im Jahr 1914 der Erste Weltkrieg ausbrach, sahen sich Großbritannien und viele andere Länder gezwungen, Geld in riesigen Mengen auszugeben.
Schnell, druckt mehr Geld! Der Krieg kostet Unsummen …

Bald stellten die Regierungen fest, dass sie mehr Geld gedruckt hatten, als ALLES Gold der Welt wert war. Sie stellten aber auch fest, dass das gar kein Problem war – solange die Menschen den Banken weiterhin vertrauten.

Der Goldstandard gehörte bald der Vergangenheit an. 1971 hoben die USA als letztes Land die Bindung der Währung an Gold auf. Banknoten waren jetzt also an nichts mehr gebunden. Das Zeitalter des Fiatgeldes hatte begonnen.

Geld in all seinen Formen

Geld ist nicht nur Bargeld oder E-Geld, es ist im Grunde eine Zusage, der die meisten Menschen vertrauen. Über die Jahrhunderte hinweg entwickelten sich mindestens drei weitere „Geldversprechen“.

Schulden

... sind Geld, von dem jemand verspricht, es später zurückzuzahlen.

Tom, ich würde dieses Buch gerne kaufen, habe aber gerade nicht genug Geld. Kannst du mir fünf Euro leihen?
WELT DER VAMPIRE
Klar, Julia! Du kannst es mir irgendwann zurückzahlen. Oder du gibst es direkt meinem Vater. Ich schulde ihm nämlich auch noch fünf Euro.

In diesem Beispiel nutzen Julia und Tom Schulden als Zahlungsmittel. Anstatt ihm das geliehene Geld zurückzuzahlen, übernimmt Julia Toms Schulden.

Schulden werden oftmals als etwas beschrieben, das man hat: Wer Schulden hat, der muss jemandem Geld geben. Schulden kann man jedoch auch kaufen.

Wer Schulden übernimmt, bekommt das Geld vom Schuldner zurück. In der Regel muss der Schuldner ein zusätzliches Entgelt zahlen, die sogenannten Zinsen (siehe Seite 60). Die Übernahme von Schulden kann riskant sein, da Schuldner sie nicht immer ablösen können. Sind sie jedoch verlässlich, ist das Risiko gering.

Eine Art von risikoarmen Schulden, die man kaufen kann, sind sogenannte **Anleihen**. Sie haben häufig eine lange Laufzeit und werden meist von Regierungen oder großen Unternehmen ausgegeben, die das Geld aller Voraussicht nach zurückzahlen können.

Aussteller der Anleihe:
US-Regierung
Datum der Ausstellung: 2017
10 000 USD
Datum der Fälligkeit (wenn die Anleihe für Bargeld eingetauscht werden kann): 2045
Der Käufer der Anleihe kann damit handeln, als wäre sie Bargeld. Der genannte Betrag wird jedoch erst im Jahr 2045 in bar ausgezahlt.

Aktien

... sind Geld, das du für den Anteil an einem Unternehmen bezahlt hast.

Wenn du eine oder mehrere Aktien besitzt, hast du einen Anteil am Gewinn des Unternehmens. Läuft es gut, bekommst du voraussichtlich regelmäßige Auszahlungen. Du kannst deine Anteile jedoch auch wieder verkaufen – hoffentlich zu einem höheren Preis, als du selbst bezahlt hast.

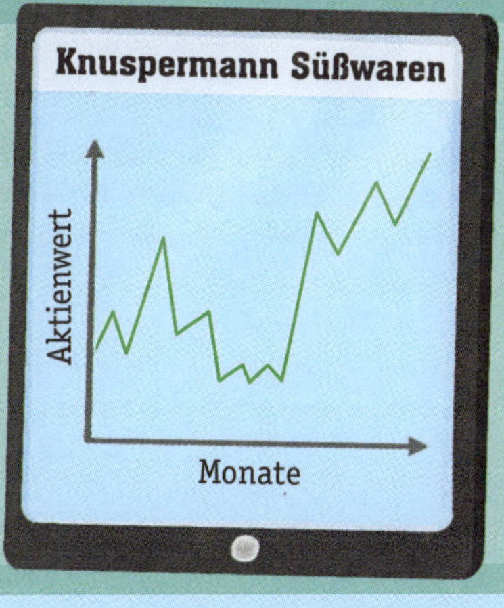

Knuspermann Süßwaren
Aktienwert
Monate

Derivate

... sind Geldversprechen, die auf dem Wert einer anderen Sache basieren. Das kann zum Beispiel eine Aktie, eine Schuld oder eine Ware wie Weizen sein.

Kauf meinen Weizen für zehn Florine pro Scheffel nach der Ernte im September.
Abgemacht!
Hoffentlich wird es eine gute Ernte.
Wenn es eine gute Ernte wird, gibt es viel Weizen – mehr als wir alle brauchen.
Also werden andere Bauern ihre Preise senken, um ihren Weizen an den Mann zu bringen. Zehn Florine sind dann vielleicht ein hoher Preis.
Wenn die Ernte jedoch schlecht ausfällt, gibt es nicht genug Weizen für alle. Die Leute bezahlen in diesem Fall einen viel höheren Preis. Zehn Florine sind dann ein absolutes Schnäppchen!
Ich hoffe auf eine schrecklich schlechte Ernte.

Diese beiden Männer sprechen über ein Derivat, das man **Terminkontrakt** oder Future nennt.

Schulden, Aktien, Derivate und andere Formen von Geld werden als **Finanzinstrumente** bezeichnet. Sie können zwischen Personen ausgetauscht werden, als wären sie richtiges Geld. Viele Bankangestellte beraten ihre wohlhabenden Kunden, wie sie durch den Kauf und Verkauf von Finanzinstrumenten noch reicher werden können.

3. Kapitel: Auf der Bank

Die meisten von uns machen ihre ersten Erfahrungen mit Geld, wenn sie Erspartes ins **Sparschwein** stecken. Wenn es sich jedoch um größere Summen handelt, bringen wir unser Geld lieber zu einer **Geschäftsbank.** Das ist, was Geldangelegenheiten angeht, meist sicherer und bequemer.

Eine Bank ist jedoch mehr als nur eine große Spardose für Erwachsene. Banken erledigen viele Dinge, die man mit Spardosen nicht tun kann. Sie **verleihen** Geld und **schaffen** dafür aus dem Nichts neues Geld. Das klingt ein bisschen wie Magie – und das ist es auf gewisse Weise auch.

In diesem Kapitel geht es darum, was verschiedene Arten von Banken tun, warum und wie sie es tun und welche Auswirkungen das auf die Welt haben kann.

Wo ist mein Geld?

Fast alle Erwachsenen **zahlen** ihr Geld bei einer Bank **ein**. Sie denken jedoch nur selten darüber nach, was mit ihrem Geld dort passiert – und das liegt zum Teil daran, wie wir über Banken sprechen.

Erst einmal gehen die meisten nur zu einer Filiale oder Zweigstelle ihrer Bank. Viele große Banken haben aber zahlreiche Filialen in Städten rund um die Welt und sind auch online vertreten.

Wenn also jemand sagt …

Ich bringe das Geld auf die Bank.

… hört sich das so an, als ob die Filiale das Geld für ihn aufbewahren würde – in einer Schachtel mit Bargeld, auf der sein Name steht.

Ich möchte gern 50 Euro einzahlen.
Kein Problem.
Kundin
Bankangestellter

Legen Sie diese 50 Euro bitte in Susi Meiers Box.
Sofort.
Susi Meier

So funktioniert das natürlich nicht. Wenn du Geld einzahlst, fließt es in den großen „Topf" von Einzahlungen und Einnahmen ALLER Filialen dieser Bank.

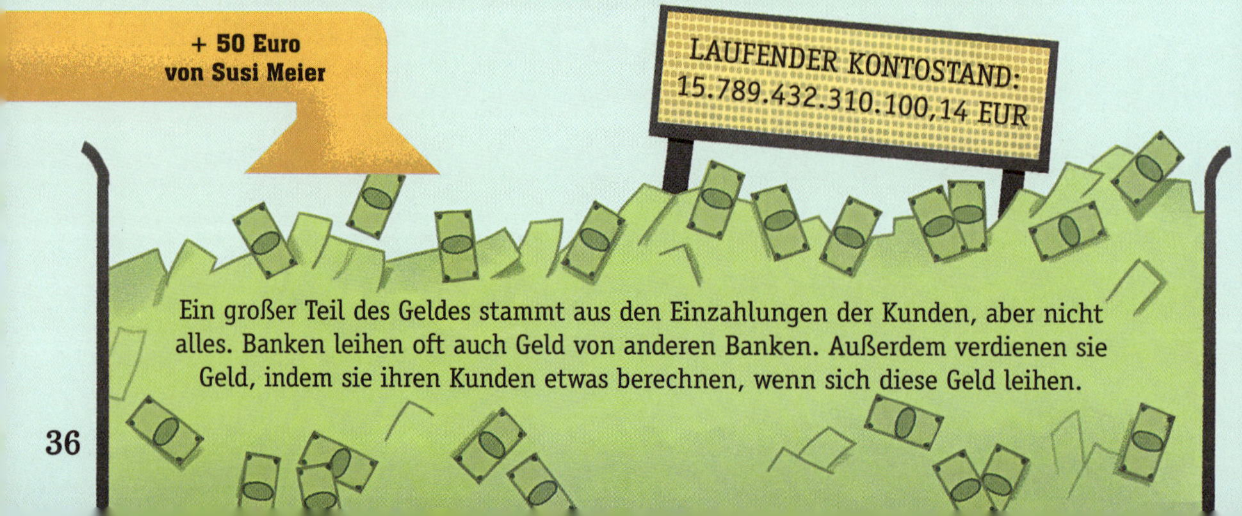
+ 50 Euro von Susi Meier
LAUFENDER KONTOSTAND: 15.789.432.310.100,14 EUR

Ein großer Teil des Geldes stammt aus den Einzahlungen der Kunden, aber nicht alles. Banken leihen oft auch Geld von anderen Banken. Außerdem verdienen sie Geld, indem sie ihren Kunden etwas berechnen, wenn sich diese Geld leihen.

Sobald das Geld in diesem Topf gelandet ist, können verschiedene Dinge damit geschehen, zum Beispiel:

Es wird ausgegeben.

Eine Bank ist ein Unternehmen. Wie alle Unternehmen gibt auch sie ständig Geld aus, um für ihre täglichen Kosten aufzukommen und um für Wachstum und Verbesserungen zu sorgen.

Das Monatsende steht bevor. Höchste Zeit, die Mitarbeiter zu bezahlen!
Unsere Webseite braucht ein neues Design. Wir bezahlen jemanden, der sie gestaltet.
Wir eröffnen eine neue Zweigstelle in Japan und müssen dort ein Gebäude mieten.
Wir müssen einen Teil des Geldes zurückzahlen, das wir von einer anderen Bank geliehen haben.

Es wird aufbewahrt.

Banken müssen nicht die gesamte Geldmenge aufbewahren, die eingezahlt wird, denn es ist höchst unwahrscheinlich, dass alle Kunden alles Geld auf einmal **abheben** möchten.

Die Banken bewahren stattdessen einen Teil des Geldes in einem super-sicheren Tresor innerhalb der Bank auf …

Extrasicher vor Bankräubern!
Klang!

… einen Teil in einer anderen Bank, der sogenannten **Zentralbank** …

Mehr zu Zentralbanken findest du auf Seite 99.

Biep!

… und den Rest in Geldautomaten, an denen die Kunden Geld abheben können.

All dieses Bargeld macht jedoch nur zehn Prozent des gesamten Geldes aus, über das unsere Bank verfügt. Der Rest ist E-Geld, das als Zahlen in unseren Computern gespeichert ist.

Warum brauchen wir Banken?

Auch wenn du deine Ersparnisse erst mal in einer Spardose oder in einem **Sparschwein** sammelst, bringst du dein Geld früher oder später sicherlich zu einer Bank. Eine solche Bank wird als **Geschäftsbank** bezeichnet.

Warum muss das Geld zur Bank
und kann nicht einfach
im Sparschwein bleiben?

Gründe:

Dort ist es sicher.

Auf einer Bank ist das Geld sicher vor Kriminellen. Bankcomputer sind besonders geschützt und Hacker haben es äußerst schwer damit, an die Daten der Kunden zu kommen. Die Bargeldtresore sind ebenfalls stark gesichert, zum Beispiel durch Überwachungskameras in jedem Raum.

Du kannst es nachverfolgen.

Wenn du dein Geld bei einer Bank einzahlst, überwacht die Bank, wie viel du ausgibst und wie viel du noch übrig hast. Ein **Bankkonto** „berechnet", wie viel Geld dir zur Verfügung steht. Es gibt verschiedene Arten von Konten.

Du kannst auf verschiedene Arten bezahlen.

Wenn du ein Bankkonto hast, kannst du mit deiner Debitkarte, online oder mit einer Smartphone-App bezahlen. Mit der Karte kannst du außerdem Bargeld aus einem Geldautomaten ziehen.

Dein Geld wächst.

Wie auf Seite 37 erklärt, nutzen die Banken das eingezahlte Geld. Sie danken dir manchmal für deine Einzahlungen (und bitten dich um mehr), indem sie am Ende des Monats oder Jahres Geld zu deinem Konto hinzufügen. Das sind die sogenannten **Zinsen**. Viele Menschen sparen auf diese Weise Geld für ihre Zukunft.

Okay, ich sehe es ein.
Banken haben wohl wirklich
ein paar Vorteile.

Geld leihen

Einzelpersonen, Unternehmen oder Regierungen brauchen manchmal Geld, um etwas zu kaufen, das sie sich ansonsten nicht leisten könnten. Dann ist eine Bank unter bestimmten Voraussetzungen dazu bereit, ihnen Geld zu **leihen**. Menschen nehmen für alle möglichen Dinge einen **Kredit** auf.

Ich möchte einen Kredit aufnehmen, damit ich mein eigenes Unternehmen gründen kann.
Ich brauche Geld, um ein Haus zu kaufen.
Ein Kredit für ein Haus oder Grundstück wird oft durch eine **Hypothek** abgesichert.
Ich möchte immer mal wieder kleinere Summen leihen.
Das ist kein Problem. Fragen Sie nach einer Kreditkarte.
Super! Die Bank gibt mir einen Kredit über 20 000 Euro für ein Auto.
Jetzt muss ich dafür sorgen, dass ich in den nächsten Jahren 27 000 Euro zurückzahlen kann …

Leider sind Kredite nicht kostenlos. Wenn du Geld von einer Bank leihst, musst du die entsprechende Summe plus ein zusätzliches Entgelt zurückzahlen. Diese Kosten heißen **Zinsen**.

Banken leihen dir nur Geld, wenn sie davon ausgehen, dass du die volle Summe plus Zinsen zurückzahlen kannst. Wie sie ihre Entscheidung treffen, kannst du auf Seite 62 nachlesen.

Warum erheben Banken Zinsen?

Banken erheben aus vielen Gründen Zinsen. Zunächst verdienen sie auf diese Weise den Großteil ihres Geldes und sorgen außerdem für eine Art Sicherheitsnetz, wenn irgendetwas schiefgeht. Zinsen von erfolgreichen Krediten machen verlorengegangenes Geld wett. Zinsen sorgen auch dafür, dass Geld über einen längeren Zeitraum hinweg seinen Wert behält. Mehr dazu findest du auf den Seiten 98 und 99.

Wie Banken Geld entstehen lassen

Das Wort „ausleihen“ kann missverständlich sein, denn Banken geben uns kein Geld, das sie tatsächlich haben. Sie erschaffen das Geld, um es zu verleihen – wie von Zauberhand. Und das geht so:

Piet benötigt von der Bank einen Kredit über 50 000 Euro, um ein Unternehmen zu gründen.

Ich möchte diese tollen biologisch abbaubaren Flaschen produzieren und verkaufen.
BIO

Die Bank prüft Piets Kreditantrag und hält die Geschäftsidee für aussichtsreich. Sie will ihm Geld leihen.

Sie bekommen den Kredit.
Fantastisch! BioFlaschen werden der Renner sein, das habe ich im Gefühl. Ich mache damit mehr als genug Geld, um den Kredit zurückzuzahlen.

Die Bank erzeugt jetzt neues E-Geld, indem sie 50 000 Euro in den Computer eintippt, die Summe Piets Konto gutschreibt und gleichzeitig vom Guthaben der Bank abzieht.

Wie jetzt …? So einfach geht das?
Japp! Sie müssen nur den Kredit plus Zinsen zurückzahlen.
Tipp, tipp!
PIET: +50000 EUR
BANK: -50000 EUR
Aber woher kommt denn das Geld?
Es kommt von nirgendwo, wir haben es gerade einfach neu geschaffen!

Die +50 000 und die −50 000 sind nur Zahlen im Computer. Mit jedem Euro, den Piet zurückzahlt, heben sie sich wieder auf, bis die Bank ihr gesamtes Geld wiederhat. Aber zuerst muss Piet die 50 000 Euro für sein Unternehmen ausgeben. Dann kann er mit dem Geld, das das Unternehmen einnimmt, den Kredit zurückzahlen.

Ein riskanter Trick?

Rund 97 Prozent des gesamten Geldes, über das Banken derzeit verfügen, wurden auf diese Weise kreiert. Es existiert als Zahlen auf den Bankkonten der Kunden und als Schulden auf den Konten der Banken. Der Rest ist Bargeld.

Wenn es jedoch mehr elektronisches Geld als Bargeld gibt, was würde passieren, wenn alle ihr ganzes Geld zur gleichen Zeit abheben wollen?

Ich will ALL mein Geld in bar.
Ich auch.
Wir alle wollen das!
GROSSSTADT-BANK
Oh je …

Wenn alle ihr eingezahltes Geld gleichzeitig zurückhaben wollten, wäre das schlicht unmöglich. Das ist so – weltweit betrachtet – aber auch noch nie vorgekommen. Einzelne Banken hatten den Fall jedoch schon …

WIR HABEN NICHT GENUG FÜR EUCH ALLE!

Heben ganz viele Menschen zur gleichen Zeit alle ihre Ersparnisse ab, wird das als **Sturm auf eine Bank** oder als **Bankansturm** bezeichnet. Geht einer Bank das Bargeld aus, kann sie nicht länger arbeiten, denn sie kann ihren Einzahlern das Geld nicht auszahlen. Die Menschen verlieren das Vertrauen in die Bank und zahlen nichts mehr ein. Dadurch geht der Bank langsam das Geld aus.

Bankanstürme können verhindert werden durch …

Leihen von Bargeld
Wenn eine Bank über wenig Bargeld verfügt, kann sie es von anderen Banken leihen.

€

Auszahlungsgrenzen
Banken können eine Grenze festlegen, wie viel ein Kunde pro Tag abheben darf.

Geldautomat

Absicherung von Spareinlagen
Es gibt Regierungen, die Sparern die Auszahlung des Geldes versprechen, falls die Bank es nicht kann. So sind die Kunden weniger beunruhigt, wenn Banken geringe Bargeldreserven haben.

Andere Banken

Nicht alle Geschäftsbanken arbeiten auf die gleiche Weise. **Islamische Banken**, die es überall auf der Welt gibt, bieten ihren Kunden andere Möglichkeiten, damit sie sich etwas kaufen können – und machen ebenfalls Gewinne. Der wichtigste Unterschied liegt dabei in den Zinsen.

Dem Islam zufolge sind Zinsen unmoralisch, da sie im Laufe der Zeit steigen. Das übt einen unfairen Druck auf den Kreditnehmer aus.

Je höher die Zinsen sind, umso mehr Gewinn streicht die Bank ein.
Das lässt Banken geldgierig erscheinen. Sie sind nur auf Gewinn aus und handeln nicht fair.
Wenn Banken nur Gewinn im Sinn haben, vertrauen wir ihnen nicht mehr. Sie wollen uns nicht helfen, sondern versuchen nur, uns so viel Geld wie möglich aus der Tasche zu ziehen.

Eine Methode, wie islamische Banken die Erhebung von Zinsen umgehen, wird als *Murabaha* bezeichnet. Das funktioniert so:

Sie sagen uns, was Sie möchten, und wir kaufen es für Sie.
Dieses tolle Motorrad, bitte.
Kein Problem. Dann verkaufen wir es an Sie weiter – für einen höheren Preis, als wir bezahlt haben. Sie zahlen uns das Geld in Raten zurück.
Einverstanden.

Nach dieser Methode vereinbart der Kunde einen Preis mit der Bank, der nicht verändert werden kann. Die Bank macht immer noch einen Gewinn, aber es werden keine Zinsen erhoben und die Schulden können nicht steigen.

Die meisten Menschen vertrauen den Banken und nutzen ihre Dienste regelmäßig, manche hinterlegen oder leihen Geld jedoch auf andere Weise. Hier sind einige gängige Alternativen:

Crowdfunding
Peer-to-Peer-Kredite
Genossenschaftsbanken
Ich möchte einen Film über den Klimawandel drehen. Ich greife dafür auf Crowdfunding zurück. So bin ich nicht dem Druck ausgesetzt, der Bank Zinsen zu zahlen.
Meine Bank ist SOOOO riesig. In dem System bin ich einfach nur eine kleine Nummer. Genossenschaftsbanken sind kleiner und kennen ihre Kunden persönlich.
Es ist nicht möglich, dass ich mit meiner Bank über die Zinsen für meinen Kredit verhandle. Bei einem Peer-to-Peer-Kredit kann ich direkt mit dem Kreditgeber sprechen.
Määh määh!

Was bedeuten diese Begriffe?

Crowdfunding bedeutet, dass eine Idee – meist über eine Crowdfunding-Webseite – der Öffentlichkeit vorgestellt wird. Wer die Idee gut findet, kann sie mit einer Zahlung unterstützen. Im Gegenzug erhält er nach Projektabschluss eine Belohnung, in diesem Fall zum Beispiel ein Exemplar des Films. Kommt nicht genug Geld zusammen, muss in der Regel alles an die Geber zurückgezahlt werden.

Genossenschaftsbanken sind wie kleine, einfache Banken. Anstelle von Kunden hat diese Bank Mitglieder, die alle ein Mitspracherecht haben. Will ein Mitglied Geld leihen, bekommt es einen Kredit aus den Einzahlungen der anderen Mitglieder. Die Zinsen sind geringer als bei anderen Banken. In manchen Ländern übernehmen sogenannte **Bausparkassen** eine ähnliche Rolle.

Peer-to-Peer-Kredite sind Privatkredite zwischen Privatpersonen. Die Kreditgeber finden meist über eine Internetplattform Anfragen von möglichen Kreditnehmern und entscheiden dann, wem sie ihr Geld leihen. Die Kreditgeber erheben nicht so hohe Zinsen wie eine Bank, da sie keine zusätzlichen Kosten, wie etwa Lohnkosten für Angestellte und andere Geschäftskosten, tragen müssen.

Offshore-Bankgeschäfte

Unternehmen oder Personen, die Geld verdienen, müssen einen Teil des Gewinns als **Steuern** an die Regierung abgeben. Aber an welche Regierung? Manche Menschen versuchen, hohe Steuern zu umgehen, indem sie ein Bankkonto in einem Land mit niedrigen Steuersätzen führen. Solche Orte werden als **Steueroasen** bezeichnet.

Denise, eine wohlhabende Unternehmerin und Investorin, beklagt sich über die Höhe ihrer Steuern.

Ich mache so gute Gewinne mit meinen Investitionen, aber dann muss ich fast die Hälfte davon an die Regierung abtreten. Das ist viel zu viel!
Entschuldigen Sie, meine Dame, ich bin Vermögensberater und habe zufällig mitgehört. Vielleicht kann ich Ihnen beim Steuernsparen helfen – ganz legal natürlich!

Darf ich Ihnen die Antwort auf all Ihre Steuernöte vorstellen?
Aber das sieht doch aus wie ein ganz normales Bürogebäude.
Um die Vorteile einer Steueroase zu nutzen, richtet ein Unternehmen oder eine Einzelperson dort eine sogenannte **Briefkastenfirma** ein. Das ist eine Firma, die unter einer bestimmten Adresse angemeldet ist, aber keine Angestellten hat.

Wenn Denise eine Briefkastenfirma gründet, kann sie in der Steueroase ein Bankkonto eröffnen. Alle Gewinne aus ihren Investitionen können direkt auf dieses Konto gehen. Die Steuern werden auf ihr Einkommen erhoben, als hätte sie es in der Steueroase verdient. Am Ende bezahlt sie so weniger Steuern. Damit dies aber legal ist, muss Denise in dem Steueroasen-Land einen Wohnsitz anmelden und sich dort auch aufhalten.

Zu den berühmtesten Steueroasen gehören die Britischen Jungferninseln in der Karibik und die Kanalinseln im Ärmelkanal zwischen Frankreich und Großbritannien. Steueroasen werden oft stark kritisiert. Hier sind einige Gründe, warum das so ist.

NIEDER MIT DEN STEUER-OASEN!

Regierungen haben jedes Jahr weltweit Steuereinbußen von rund 700 Milliarden US-Dollar.

Wenn die Regierungen mehr Steuergelder hätten, könnten sie mehr für Menschen ausgeben, die Hilfe brauchen.

Unternehmen und Investoren helfen den bedürftigen Menschen doch auch! Wenn ich mehr Geld für Investitionen habe, haben das auch die Unternehmen, in die ich investiere. Sie können Arbeitsplätze schaffen und ihre Preise senken.

Hmm … selbst wenn das stimmt, ist es trotzdem ungerecht. Wenn ich Steuern bezahlen muss, warum gilt das dann nicht auch für reiche Leute oder große Unternehmen?

Du solltest gar keine Steuern zahlen müssen! Ich gebe meine Stimme einer Regierung, die Steuern generell abschafft.

Und wie sollen Regierungen dann für Dinge wie Schulen und Straßen bezahlen?

Banken halten die Identität von Anlegern und deren finanzielle Aktivitäten häufig geheim.

Ich habe gehört, dass einige Offshore-Banken nicht nachprüfen, woher Anleger ihr Geld haben oder wofür sie es ausgeben.

Das stimmt oft und es ist auch gut so. Wenn wir nachprüfen, woher das Geld unserer Kunden kommt, würden wir gegen die Datenschutzregelungen verstoßen.

Aber wenn ihr überhaupt nichts prüft, können Kriminelle gestohlenes Geld ganz leicht verstecken. Sogar Terroristen sollen von Steueroasen aus schon Kriege und Gewaltaktionen finanziert haben.

Das kommt doch nur ganz selten vor. Würde eine Schließung der Banken sie etwa davon abhalten? Außerdem helfen wir auch Menschen in Gefahr, ihr Geld vor Verbrechern und Terroristen zu schützen.

Woher weißt du denn, dass es nur selten vorkommt, wenn ihr gar nicht nachprüft?

Einige Wirtschaftswissenschaftler schätzen, dass sich rund zehn Prozent des weltweiten Vermögens auf Bankkonten in Steueroasen befinden. Würde man diese Summe gleichmäßig auf alle Menschen aufteilen, bekäme jeder über 1000 US-Dollar. Das ist mehr, als Menschen in manchen Teilen der Welt in einem ganzen Jahr verdienen.

Hinter den Kulissen

Mit einer anderen Art von Banken, den sogenannten **Investmentbanken**, hast du in deinem Alltag kaum etwas zu tun. Die meisten von ihnen haben ihren Sitz in den Wolkenkratzern großer Städte. Von dort aus unterstützen sie Unternehmen und Regierungen dabei, richtig, richtig teure Projekte zu finanzieren.

Stell dir ein Unternehmen namens RoboDoc vor, das Roboter für Krankenhäuser herstellt. Es braucht Geld, um weiter wachsen und mehr Roboter herstellen zu können. Wie es am besten an die erforderlichen Gelder kommt, weiß es jedoch nicht.

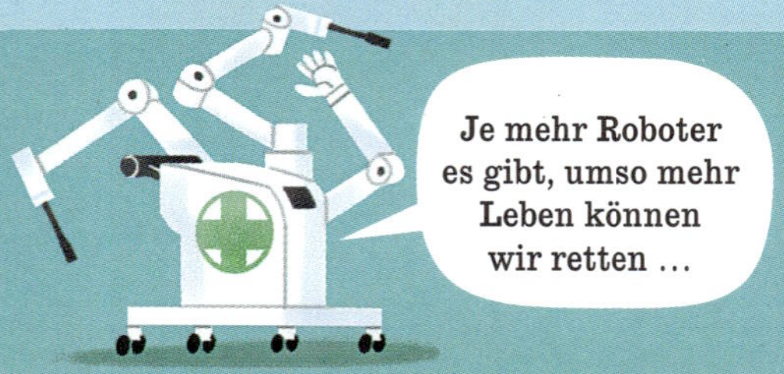
Je mehr Roboter es gibt, umso mehr Leben können wir retten …

Eine Investmentbank könnte einem solchen Unternehmen folgende Maßnahmen vorschlagen:

Leiht euch Geld von einer Bank!
Investiert!
Kauft ein anderes Unternehmen auf!
Findet Investoren!
AB Investitionen

Banken gewähren Regierungen und Unternehmen häufig Kredite. Der Nachteil: Sie verlangen oft sehr hohe Zinsen.

Ein Unternehmen kann Geld verdienen, indem es mit seinen Gewinnen Aktien, Anleihen, Derivate oder Schulden kauft.

Manchmal stehen Unternehmen zum Verkauf. Ein Unternehmen zu kaufen, kostet zwar viel Geld, bedeutet oft aber auch ein größeres Team und mehr Ressourcen für die Produktion.

Das bedeutet in der Regel, Käufer für Anteile am Unternehmen zu finden. Diese Anteile können dann mit anderen Investoren gehandelt werden.

Manchmal beraten Investmentbanken ihre Kunden nicht nur, sondern führen die Geschäfte auch für sie aus.

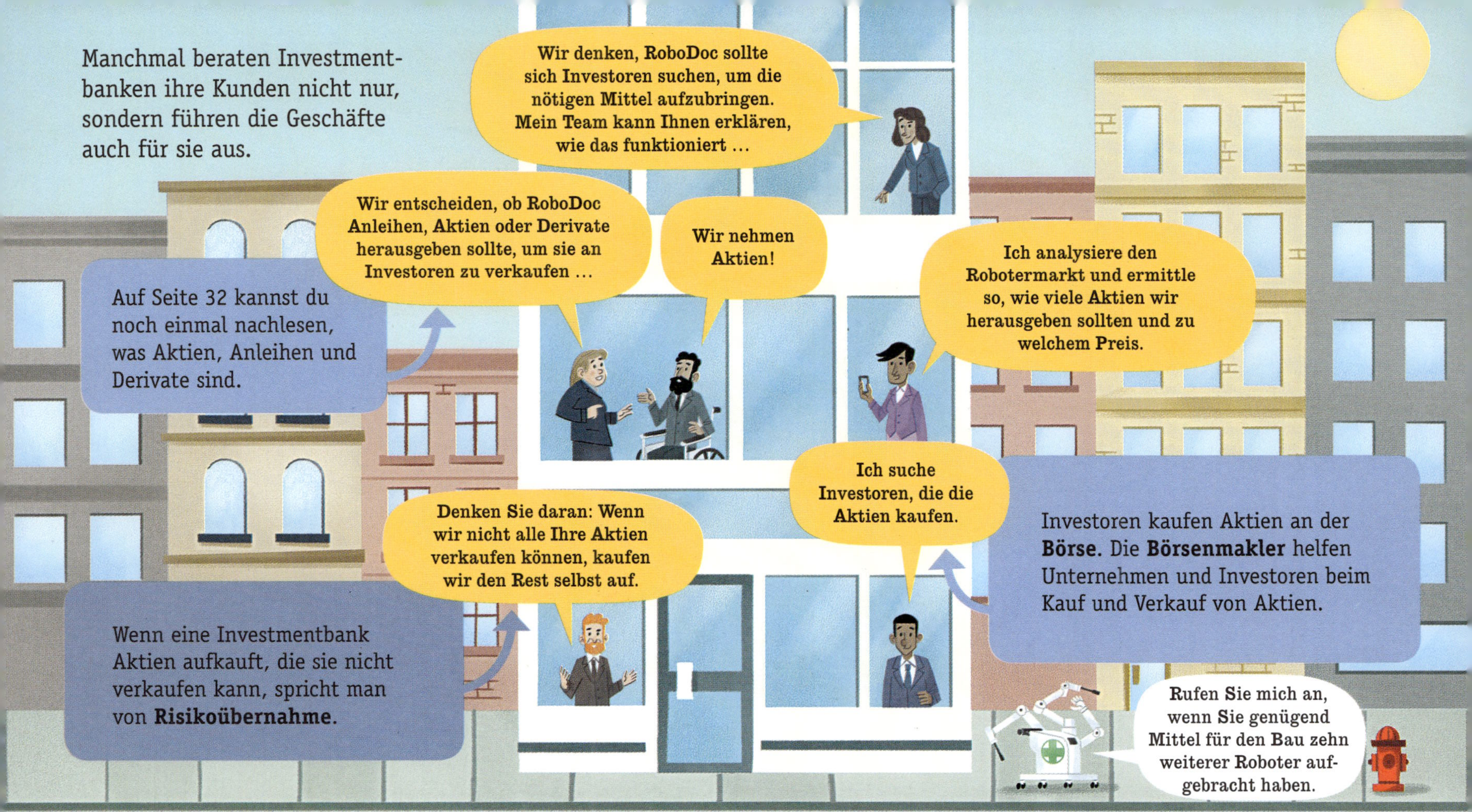
Wir denken, **RoboDoc** sollte sich Investoren suchen, um die nötigen Mittel aufzubringen. Mein Team kann Ihnen erklären, wie das funktioniert …
Wir entscheiden, ob RoboDoc **Anleihen, Aktien oder Derivate** herausgeben sollte, um sie an Investoren zu verkaufen …
Wir nehmen Aktien!
Ich analysiere den Robotermarkt und ermittle so, wie viele **Aktien** wir herausgeben sollten und zu welchem **Preis**.
Ich suche Investoren, die die Aktien kaufen.
Denken **Sie** daran: Wenn wir nicht alle Ihre Aktien verkaufen können, kaufen wir den **Rest** selbst auf.
Rufen **Sie** mich an, wenn **Sie** genügend Mittel für den **Bau** zehn weiterer **Roboter** aufgebracht haben.

Auf Seite 32 kannst du noch einmal nachlesen, was Aktien, Anleihen und Derivate sind.

Investoren kaufen Aktien an der **Börse**. Die **Börsenmakler** helfen Unternehmen und Investoren beim Kauf und Verkauf von Aktien.

Wenn eine Investmentbank Aktien aufkauft, die sie nicht verkaufen kann, spricht man von **Risikoübernahme**.

Investmentbanken sind gut in ihrem Job, weil sie die ganze Zeit eng mit vielen verschiedenen Unternehmen und Investoren zusammenarbeiten. Sie wissen genau, wer am Kauf von Aktien interessiert ist und welche Aktien sich gut verkaufen.

Investmentbanken verlangen sehr viel Geld für ihre Dienste, Hunderttausende oder sogar Millionen. Oft lohnen sich diese Ausgaben aber für die Unternehmen. Ohne Investmentbanken wäre es für sie häufig schwieriger, große Projekte zu finanzieren.

Banken in der Krise

Banken mögen zwar nützlich sein, schlecht geführte Banken können aber auch zu einer großen Gefahr für die Gesellschaft werden. In den Jahren vor 2008 waren Geschäftsbanken und Investmentbanken maßgeblich daran beteiligt, eine weltweite Finanzkrise auszulösen. Hier erklären wir, stark verkürzt und vereinfacht, was damals geschah.

Mit der Absicht, noch mehr Geld zu machen, boten Banken in den USA ihren Kunden vermehrt Kredite zum Kauf eines Hauses an. Viele der Kunden waren jedoch kaum in der Lage, den Kredit und die Zinsen jemals zurückzuzahlen.

Ich kann es kaum glauben. Mein eigenes Haus! Das hätte ich mir nie träumen lassen!
Es war mir ein Vergnügen!
Mehr Geld für miiich …

Die Banken wussten, dass das riskant war. Denn wenn die Kunden ihre Kredite nicht ablösen konnten, verloren die Banken ihr Geld. Deshalb verkauften sie die Schulden an andere Organisationen weiter – in der Regel an Investmentbanken.

Hoffentlich merkt es keiner …
HYPOTHEKEN-RÜCKZAHLUNG

Wenn die Kreditkunden nun ihre Hypotheken zurückzahlten, ging das Geld an die Investmentbanken.

Auch die Investmentbanken kannten das Risiko. Daher bündelten sie die Hypothekenrückzahlungen mit zuverlässigeren Forderungen zu Paketen und verkauften diese an Investoren. Das verstieß manchmal gegen das Gesetz.

Hoffentlich merkt es keiner, hoffentlich merkt es keiner …

Investmentbanken und Investoren teilten sich Monat für Monat die Gewinne aus den Hypothekenrückzahlungen. Je mehr Kunden eine Hypothek aufnahmen, umso größer waren die entsprechenden Gewinne.

Das System schien zu funktionieren. Der Wert der Häuser stieg kontinuierlich an. Die Menschen verkauften ihre alten Häuser zu einem höheren Preis als dem Kaufpreis, lösten ihre Hypotheken ab und nahmen neue Kredite auf für teurere Häuser …

Das hätte ich mir NIEMALS NIE träumen lassen!

… bis die Hauspreise nicht mehr stiegen. Viele Menschen konnten mit dem Verkauf ihrer Häuser ihre Hypotheken nun nicht mehr abzahlen. Unzählige von ihnen standen vor einem Schuldenberg, den sie nicht abtragen konnten.

Oh je …
Also …
Ähm …
Was ist los?

Es war eine Katastrophe. Geschäftsbanken konnten keine Forderungen an Investmentbanken weiterverkaufen. Investmentbanken bekamen keine Rückzahlungen, die sie an Investoren auszahlen konnten. Alle Beteiligten in dieser Kette verloren Geld und auch ihr Vertrauen ineinander. Die Folgen waren verheerend.

Banken verliehen kein Geld mehr.
Geschäfte mussten schließen.
Menschen verloren ihre Häuser.
24-Stadtbank
Keine Kredite
Keine Kredite
Keine Kredite
COOLE SCHUHE
Geschlossen
RÄUMUNG UND UMZUG GMBH

Es war weniger Geld im Umlauf. Viele Menschen verloren ihre Jobs und konnten sich selbst lebensnotwendige Dinge nicht mehr leisten. Wenn dies in großem Umfang über einen längeren Zeitraum passiert, spricht man von einer **Rezession** oder Finanzkrise. In diesem Fall war es eine GROSSE Rezession.

Da Banken und Investoren auf der ganzen Welt beteiligt waren, breitete sich die Rezession über die USA hinaus auch in andere Länder aus. Milliarden von Menschen waren davon betroffen.

Wut auf die Banken

Bis Mitte 2008 hatten einige Banken so viel Geld verloren, dass sie schließen mussten. Andere vergaben keine Kredite mehr, sodass Kunden und Unternehmen kein Geld mehr leihen konnten. In manchen Ländern unterstützten die Regierungen die gefährdeten Banken mit Steuergeldern, um sie zu retten. Die Menschen waren wütend.

Warum sollen WIR für die dummen Fehler der geldgierigen Banker bezahlen!
MEIN Unternehmen wurde nicht vor der Pleite gerettet. Warum bekommen Banken eine Sonderbehandlung?
Wenn man den Banken jedes Mal hilft, wenn sie Mist bauen, lernen sie nie etwas aus ihren Fehlern. Sie werden genauso rücksichtslos weitermachen!
RETTET DIE MENSCHEN, NICHT DIE BANKEN!

Wenn Regierungen ein Unternehmen durch Finanzspritzen retten wollen, nennt man das eine **Rettungsaktion**.

Viele Menschen waren zwar wütend über die finanziellen Hilfsaktionen, es waren aber trotzdem nicht alle dagegen.

Unsere Steuern retten nicht nur die Banken, sondern auch viele ganz normale Menschen, die Geld von Banken leihen müssen oder für ihren Ruhestand vorsorgen.
Ich weiß, es scheint unfair zu sein, aber wir MÜSSEN die Banken retten, sonst sind auch viele Unternehmen ruiniert. Eine Rettungsaktion ist die schnellste Lösung!
Viele Unternehmen sind auf Bankkredite angewiesen, um ihre Angestellten zu bezahlen. Ohne unser schnelles Handeln hätten viele Menschen ihre Arbeit verloren. Die ganze Gesellschaft wäre zusammengebrochen!

Auch wenn die Gründe für die Krise nicht ganz eindeutig waren, richteten viele Menschen ihre Wut gegen Banken und Banker.

WIR WOLLEN GERECHTIGKEIT!
Diese Gauner haben die Krise ausgelöst, sie haben gelogen und betrogen. Und jetzt sollen sie auch noch einen **BONUS** bekommen?
BONUS-BANDITEN
NEUE REGELN!
Die US-Regierung ist mitverantwortlich für die Krise. **SIE** hat festgelegt, was US-Banken dürfen und was nicht. **SIE** hat den Banken zu viele Freiheiten gelassen!

Obwohl zahlreiche hochrangige Banker gegen das Gesetz verstoßen hatten, musste nur ein US-Banker ins Gefängnis. Es konnte nicht nachgewiesen werden, wer für die anderen Straftaten verantwortlich war.

Einige Banker behielten große Summen der Rettungszahlungen für sich selbst, anstatt mit dem Geld die Krise abzuwenden.

Die Frage der Schuld

Natürlich tragen nicht alle Banker generell die Schuld an der Krise. Hauptsächlich waren es wenige hochkarätige Verantwortliche in Geschäftsbanken und Investmentbanken. Sie haben es getan, weil … tja, weil niemand sie daran gehindert hat.

Um ähnliche Krisen in Zukunft zu vermeiden, haben viele Regierungen neue Regelungen eingeführt, damit Banken weniger Risiken eingehen können.

Wird sich die Geschichte wiederholen?

Wahrscheinlich ja, aber niemand weiß, wann oder wie. Auf der Webseite der britischen Zentralbank heißt es: „Die Geschichte zeigt, dass wir in Bezug auf Finanzkrisen von zwei Dingen ausgehen können: Es wird wieder eine Krise geben, und die nächste wird anders sein als die letzte."

Wenn wir genau verstehen, wie Banken funktionieren, und wenn sie angemessen überwacht werden, dann kann eine Finanzkrise wie jene im Jahr 2008 bis zu einem gewissen Grad verhindert werden.

4. Kapitel: Geld verdienen und Geld leihen

Wolltest du dir schon einmal etwas kaufen und konntest es dir nicht leisten? Für dieses Problem gibt es zwei gängige Lösungen: Du kannst Geld **verdienen** oder dir welches **leihen**.

Es gibt Millionen von Jobs, mit denen du deinen Lebensunterhalt bestreiten kannst, und sie alle werden unterschiedlich bezahlt. Aber selbst wenn man sehr, sehr gut verdient, muss man sich manchmal Geld borgen. Viele Dinge im Leben wären gar nicht möglich, wenn wir uns kein Geld leihen könnten, zum Beispiel ein Haus kaufen oder ein Unternehmen gründen.

Den Lebensunterhalt verdienen

Solange du ein Kind oder Teenager bist, bekommst du vielleicht Taschengeld. Als Erwachsener musst du aber aller Voraussicht nach Geld verdienen und dazu einer Arbeit nachgehen, für die dich jemand bezahlt.

Manche Berufe sind eher normal ...
Ich unterrichte Chemie.
Ich fahre Bus.
... andere eher ungewöhnlich.
Ich bin Testesser in einer Sandwich-fabrik.
Ich trainiere Katzen, damit sie sich bei ihren Besitzern gut benehmen.
Miau!

Das Arbeitsleben von Lehrern, Busfahrern, Sandwich-Testessern und Katzenerziehern kann ganz unterschiedlich aussehen.

Katzentrainerin Katja ist **Angestellte** in einer Katzenschule. Sie ...

... bekommt jeden Monat eine vereinbarte Summe ausbezahlt, ein sogenanntes **Gehalt**.

... wird automatisch jeden Monat bezahlt, solange sie bei ihrem Arbeitgeber angestellt ist.

... hat Anspruch auf einige bezahlte Urlaubstage pro Jahr, aber sie muss jede Woche gleich viele Stunden arbeiten.

Katzentrainer Nico ist **selbstständig** oder **freiberuflich** tätig. Seine **Kunden** bezahlen ihn für einmalige Dienstleistungen zur Erziehung oder Pflege ihrer Katzen. Er ...

... verdient jeden Monat unterschiedlich viel Geld, je nachdem, wie viel er arbeitet.

... wird nicht jeden Monat automatisch bezahlt. Er muss sich seine Kunden selbst suchen.

... kann ein **Unternehmen** anmelden und Angestellte bezahlen, die für ihn arbeiten.

... hat keine bezahlten Urlaubstage, aber er kann selbst bestimmen, wie viel er pro Woche arbeitet.

Die Jobsuche

Die meisten Erwachsenen suchen nach einer gut bezahlten Arbeit, mit der sie ihren Lebensunterhalt bestreiten können. Die Entscheidung für einen bestimmten Job hängt aber auch noch von anderen Gründen ab.

Ich reise gern, deshalb bin ich Flugbegleiterin geworden. Jede Woche fliege ich an einen anderen Ort in der Welt und werde auch noch dafür bezahlt. Perfekt!
Ich bin freiberuflicher Webdesigner, habe eine Ausbildung als Programmierer und verfüge dadurch über die erforderlichen Fähigkeiten. Ich kann mir meine Zeit selbst einteilen und meine Kinder von der Schule abholen.
WEBFIX-DESIGN.DE
ÜBER MICH
Ich bin Politikerin. Ich bin sehr ehrgeizig und wollte einen Job, in dem ich einen Beitrag zum Wohl unseres Landes leisten kann.

Vor Beginn eines Arbeitsverhältnisses müssen sich der **Arbeitnehmer** und der **Arbeitgeber** einigen, welche Aufgaben der Job umfasst. In der Regel unterzeichnen beide Seiten einen sogenannten **Arbeitsvertrag** und bestätigen damit, dass sie mit der Vereinbarung einverstanden sind.

Arbeitsvertrag

Der Vertrag gibt in der Regel an …

- welche Aufgaben du hast,
- wie viel du verdienst,
- wie viele Stunden du arbeiten musst,
- wie viele Urlaubstage du hast und vieles mehr.

Unterschrift des Arbeitgebers: ....

Unterschrift des Arbeitnehmers: ....

Wenn dir die Vereinbarungen im Vertrag ungerecht erscheinen, kann es sich lohnen, einen besseren Vertrag **auszuhandeln**. Gute Verhandlungstipps findest du auf Seite 118.

Hohe Bezahlung, niedrige Bezahlung

Manche Menschen bekommen mehr Geld für ihre Arbeit als andere. Erstklassige Fußballspieler beispielsweise verdienen in der Regel viel mehr als Gärtner. Das liegt daran, dass Löhne oder Gehälter zum Teil von **Angebot** und **Nachfrage** abhängen, also davon, wie viele Menschen etwas Bestimmtes können und wie viele Arbeitgeber nach genau dieser Fähigkeit suchen. Das läuft so ab:

Gärtner und Fußballer werden dafür bezahlt, ihren Arbeitgebern bestimmte Fähigkeiten zur Verfügung zu stellen.
Ich kann Gemüse anbauen.
Ich kann wirklich supergut Fußball spielen.
Manche Fähigkeiten sind jedoch seltener, werden also nur von wenigen Menschen ausgeübt.
Ich kann auch Gemüse anbauen.
Ich auch!
Ich auch.
In diesem Land kann niemand so gut Fußball spielen wie ich.
Es gibt nur wenige erstklassige Fußballer, aber es gibt viele Mannschaften, die solche Spieler gern in ihrem Team hätten. Die Mannschaften konkurrieren also um diese Spieler.
Wir bezahlen dir 150 000 Euro pro Woche.
Wir geben dir 160 000 Euro.
Wir zahlen das Doppelte!
Die Bezahlung steigt.
Im Gegensatz dazu gibt es viele Menschen, die Gemüse anbauen können, viel mehr als Gärtner gesucht werden. Die Gärtner konkurrieren also um die Arbeitgeber.
Ich verlange 2400 Euro im Monat.
Ich möchte nur 2200 Euro. Nehmen Sie mich!
Die Bezahlung sinkt.

Wie wenig darf es sein?

Zum Schutz der Arbeitnehmer gibt es in manchen Ländern den sogenannten **Mindestlohn**. Das heißt, Arbeitgeber dürfen Arbeitnehmern per Gesetz nicht weniger als eine bestimmte Summe zahlen. In Ländern, in denen Grundversorgungsmittel wie Nahrung und Kleidung sehr günstig sind, ist der Mindestlohn meist geringer als anderswo.

In Israel kostet ein Laib Brot ...

2,17 USD

Der Mindestlohn liegt bei 1446 US-Dollar pro Monat.

In Albanien kostet ein Laib Brot ...

0,64 USD

Der Mindestlohn liegt bei 212 US-Dollar pro Monat.

Wirtschaftswissenschaftler und Politiker sind sich oftmals uneinig darüber, wie wirkungsvoll ein Mindestlohn zum Schutz der Bürger ist.

Auf der einen Seite ...

Auf der anderen Seite ...

Wie gut, dass es einen Mindestlohn gibt! Ich wäre arm wie eine Kirchenmaus, wenn mein Arbeitgeber mir noch weniger bezahlen würde.
In meiner Stadt wurde ein Mindestlohn eingeführt. Viele Unternehmen stellen nun keine neuen Leute mehr ein, weil sie die Löhne nicht bezahlen können. Jetzt finde ich hier keinen Job mehr!

Viele Arbeitgeber bezahlen mehr als den Mindestlohn. Sie glauben daran, dass sie durch eine bessere Bezahlung auch bessere Mitarbeiter finden. Manchmal müssen Angestellte jedoch für eine bessere Bezahlung kämpfen, zum Beispiel so:

Einer Gewerkschaft beitreten

Gewerkschaften sind Vereinigungen von Arbeitnehmern. Sie setzen sich für die Rechte der Arbeitnehmer ein und organisieren Proteste oder sogenannte Streiks. So wollen sie die Arbeitgeber dazu bringen, Löhne, Arbeitsbedingungen oder die Gleichberechtigung zu verbessern.

Die Medien informieren

Wenn beispielsweise eine Frau weniger verdient als ein Mann, obwohl sie die gleiche Arbeit leistet, kann sie sich an eine Zeitung wenden, die darüber berichtet. Eine solche öffentliche Bloßstellung kann Arbeitgeber dazu bringen, ihr Verhalten zu ändern.

Finanzielle Hilfe

Wer Geld von einer Bank oder einem Kreditunternehmen **leihen** will, hat dazu verschiedene Möglichkeiten. Welche davon man nutzt, hängt von der Situation ab, in der man Geld braucht.

Kleine Summen leihen

Weihnachten steht vor der Tür und ich muss Geschenke kaufen. Ich habe aber erst am Ende des Monats wieder Geld, wenn ich mein Gehalt bekomme.

Wer kurzfristig Geld braucht, gerade aber keins hat, kann seinen Einkauf mit einer **Kreditkarte** bezahlen.

MEINEBANK
4546 1779 5172 3017
HERR M. PFENNIG
SIVA KREDIT

Ein Kreditkartenunternehmen oder eine Bank bezahlt für deinen Einkauf. Du zahlst das Geld später zurück, meist innerhalb von 60 Tagen.

Zahlst du nicht rechtzeitig zurück, verlangt die Bank oder das Unternehmen **Zinsen**. Dadurch vergrößert sich die geschuldete Summe.

Schatz, das letzte Weihnachtsfest ist noch teurer geworden.
ZAHLUNGS-RÜCKSTAND
Papa, du MUSST in Zukunft sparsamer sein!

Ich bin Studentin und jobbe in einem Café, um mir Geld dazuzuverdienen. Aber diesen Monat reicht es einfach hinten und vorne nicht …

Viele Banken lassen es zu, dass du mehr ausgibst, als du tatsächlich auf deinem Konto hast. Diese **Kontoüberziehung** musst du zurückzahlen – plus Zinsen. Konten für Studenten beispielsweise lassen eine zinslose Überziehung oder einen **Dispokredit** zu, aber nur bis zu einem festgelegten Betrag.

Große Summen leihen

Stell dir vor, zwei Freunde entdecken eine große, leer stehende Fabrikhalle …

Denkst du auch, was ich denke?
Dass sich diese Halle ideal für eine Schokoladenfabrik eignen würde?
Du kannst Gedanken lesen!

Schokofreunde

Die beiden haben jedoch nicht genug Geld, um die Halle mieten, Maschinen kaufen und Angestellte bezahlen zu können. Daher beantragen sie bei einer Bank oder einem Kreditunternehmen einen **Kredit.**

Eine Woche später …

Wir möchten eine Schokoladenfabrik eröffnen. Wir haben einen Fünf-Jahres-Businessplan ausgearbeitet, brauchen aber noch Startkapital.
Zu köstlich! Lassen Sie mich sehen, was ich für Sie tun kann …

Der Kreditgeber prüft in der Regel genau, ob der Kreditnehmer vertrauenswürdig ist und den Kredit plus Zinsen voraussichtlich zurückzahlen kann.

Stimmt der Kreditgeber dem Antrag zu, unterschreiben beide Seiten einen Vertrag. In diesem steht …

… wie hoch der Kredit ist.

… bis wann der Kredit zurückgezahlt werden muss.

… wie hoch die Zinsen sind. (Mehr über Zinsen findest du auf der nächsten Seite.)

Was passiert, wenn wir Ihnen das Geld aus irgendwelchen Gründen nicht zurückzahlen können?
Dann bekommen wir alle Ihre Maschinen – und natürlich die gesamte restliche Schokolade.
Oh.

Wenn Kunden kein Geld haben, übertragen sie dem Kreditgeber manchmal ihren persönlichen Besitz als **Kreditsicherheit.**

Fürs Geld bezahlen

Wer Geld leiht, muss in der Regel Zinsen zahlen. Wie hoch sie sind, hängt vom **Zinssatz** ab. Das ist ein bestimmter Prozentsatz, der für die geliehene Geldsumme fällig wird. Hier ist ein vereinfachtes Rechenbeispiel:

Wir möchten diesen gebrauchten Campingbus kaufen.
Er kostet 10 000 Euro. Wir haben einen Antrag auf einen Kredit gestellt.
Die Grünbaum-Bank kann den beiden die erforderlichen 10 000 Euro leihen. Sie müssen das Geld innerhalb eines Jahres in Raten zurückzahlen.
Huup!
Aber wir wollen auch etwas daran verdienen, daher berechnen wir einen Zinssatz von fünf Prozent.

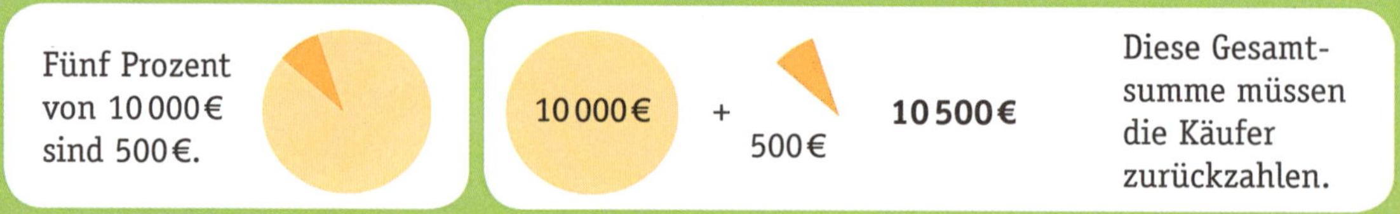
Fünf Prozent von 10 000 € sind 500 €.
10 000 €
+
500 €
10 500 €
Diese Gesamtsumme müssen die Käufer zurückzahlen.

Der Bus gehört den beiden erst dann komplett, wenn sie die gesamte Summe zurückgezahlt haben, einschließlich Zinsen (sie können ihn aber gleich schon nutzen).

Ein Jahr später …
Hurra, keine Rückzahlungen mehr! Der Campingbus gehört endlich UNS!
Das müssen wir mit einem Ausflug feiern!

Es kann Jahrzehnte dauern, bis man einen Kredit abbezahlt hat. Das liegt zum Teil daran, dass manche Kredite (zum Beispiel für ein Haus) sehr hoch sind, aber auch daran, dass Banken lange Laufzeiten mit regelmäßigen Rückzahlungsraten mögen.

Steigende Zinsen

Die meisten Menschen zahlen ihre Schulden in regelmäßigen monatlichen Raten, inklusive eines Teils der Zinsen ab. Wer eine Rückzahlung hinauszögert oder gar nicht leistet, schuldet dem Kreditgeber am Ende manchmal viel mehr, als er ursprünglich geliehen hat. Das kommt daher, weil man auch Zinsen auf die Zinsen zahlen muss, die noch nicht bezahlt wurden. Mit jedem nicht bezahlten Monat steigen die Zinsen weiter an.

Das Ganze ähnelt einem Schneeball, der immer größer wird, je länger du ihn rollst, wie in diesem Beispiel:

Am Ende eines Monats schuldet Ella einem Kreditkartenunternehmen 5000 Euro plus zehn Prozent Zinsen.
Zehn Prozent von 5000 sind 500, also betragen ihre Schulden 5500 Euro.
Wenn sie bis zum nächsten Monatsende nichts zurückzahlt, werden auf die 5500 Euro wieder zehn Prozent aufgeschlagen.
Zehn Prozent von 5500 sind 550, also betragen ihre Schulden jetzt 6050 Euro.
Die Höhe der aufgeschlagenen Zinsen steigt von Monat zu Monat.
Das bezeichnet man als **Zinseszins.**

Der Zinseszins kann schlimme Ausmaße annehmen, wenn er über lange Zeit anwachsen kann. Am Ende stehen die Kreditnehmer vor einem riesigen Schuldenberg.

Er kann jedoch auch von Vorteil sein. Die meisten Sparkonten zahlen einen Zinseszins. Wenn du dein Geld also lange auf einem Sparkonto liegen lässt, wachsen deine Ersparnisse Jahr um Jahr an.

Der in Deutschland geborene Wissenschaftler und Denker Albert Einstein soll Folgendes über den Zinseszins gesagt haben:

Wer ihn versteht, verdient daran, alle anderen bezahlen ihn.

Kreditwürdigkeit

Die meisten Banken und Kreditunternehmen verleihen ihr Geld nicht an jeden, der darum bittet. Sie gehen davon aus, dass manche es nicht vollständig zurückzahlen können. Um herauszufinden, wie kreditwürdig jemand ist und welches Risiko sie damit eingehen, ihm Geld zu leihen, nutzen Kreditgeber ein bestimmtes Einstufungs- oder **Ratingsystem.**

Dieses Flussdiagramm zeigt einige Faktoren, die das Rating einer Person beeinflussen und was das für ihre Kreditwürdigkeit bedeutet.

Hat diese Person schon einmal Geld geliehen?

JA → Wie viel?

- **VIEL** → Wie hoch war der rechtzeitig zurückgezahlte Prozentsatz?
  - **NIEDRIG** → Niedrige Einstufung
  - **HOCH** → Mittlere Einstufung
- **NICHT VIEL** → Wie hoch war der rechtzeitig zurückgezahlte Prozentsatz?
  - **NIEDRIG** → Niedrige Einstufung
  - **HOCH** → Hohe Einstufung

NEIN → Mittlere Einstufung

Niedrige Einstufung

ANGEBOT: kleiner Kredit mit hohem Zinssatz und zusätzlicher Gebühr. So wird das Risiko ausgeglichen, dass die Person vielleicht nicht den gesamten Betrag zurückzahlt.

Mittlere Einstufung

ANGEBOT: mittelgroßer Kredit mit mittelhohem Zinssatz. Die Person ist bisher nicht unbedingt negativ aufgefallen, aber sie hat auch nicht viel Erfahrung mit Krediten.

Hohe Einstufung

ANGEBOT: großer Kredit mit niedrigen Zinsen und folglich niedrigen monatlichen Raten. Kreditgeber vertrauen auf die Rückzahlung des Kredits und verlangen daher geringere Gebühren.

Die Einstufung einer Person kann auch davon abhängen, wie hoch ihre derzeitigen Schulden sind und wie zuverlässig sie ihre Miete oder andere Rechnungen bezahlt.

Durch Krediteinstufungen können Banken besser entscheiden, wem sie ihr Geld leihen. Manche Menschen sind jedoch gegen solche Ratings, weil reiche Leute leichter mehr Geld bekommen und nicht so reiche Leute benachteiligt werden.

BANK
Ich bin reich, deshalb muss ich selten Geld leihen. Wenn ich einen Kredit aufnehme, kann ich ihn rechtzeitig und ohne Probleme zurückzahlen. Je mehr ich mir leihe, umso höher wird meine Krediteinstufung.
REICHE PERSON
NICHT SO REICHE PERSON
Ich verdiene nicht viel, daher ist es wahrscheinlicher, dass ich mir Geld leihen muss …
… aber gerade *weil* ich weniger verdiene, kann ich die Raten vielleicht nicht rechtzeitig zurückzahlen. Ich werde niedriger eingestuft und muss außerdem höhere Zinsen und Gebühren zahlen.
Insgesamt muss ich dann für einen Kredit in gleicher Höhe MEHR Geld bezahlen als eine reiche Person. Wie ungerecht!

Wenn man sehr niedrig eingestuft wird, leiht einem die Bank unter Umständen überhaupt kein Geld. Menschen mit niedriger Einstufung wenden sich deshalb manchmal an sogenannte **Kredithaie**, die sich nicht um Ratings kümmern. Das ist aus verschiedenen Gründen keine gute Idee.

Sehr hohe Zinsen

Kredithaie fordern oftmals so hohe Zinsen, dass manche Menschen das Geld niemals zurückzahlen können.

500€
15 000€
Mein Kredit von 500 Euro hat sich zu einer Rückzahlung von über 15 000 Euro aufgebläht, nur durch Zinsen!

Druck

Sind die Zinsen zu hoch, um den Kredit zurückzuzahlen, überreden manche Kredithaie ihre Kunden zu einem weiteren Kredit. Mit diesem sollen sie den ersten zurückzahlen, oft zu einem noch höheren Zinssatz.

Drohung

Kredithaie stehen manchmal plötzlich vor der Tür ihrer Kunden und drohen ihnen. In manchen Fällen wenden sie auch Gewalt an, wenn das Geld nicht zurückgezahlt wird.

Klopf, klopf!

Wege aus der Verschuldung

Die meisten Menschen, die sich Geld leihen, können es auch zurückzahlen, irgendwann zumindest. Es kann aber immer etwas Unvorhergesehenes passieren und die Schulden wachsen einem über den Kopf oder geraten außer Kontrolle. Doch auch dann gibt es Lösungen.

3. Januar: Yui stellt sich vor.
Hallo, ich heiße Yui und ich habe Schulden. Ich filme dieses Vlog mit dem Titel „Mein Schuldentagebuch", um meine Erfahrungen mit euch zu teilen.
Vor einem Jahr habe ich 3000 Euro von einem Kreditunternehmen geliehen. Alles lief prima, bis ich arbeitslos geworden bin. Jetzt kann ich meinen Kredit nicht zurückzahlen …
In der Zwischenzeit musste ich für ganz alltägliche Dinge mit meiner Kreditkarte bezahlen. Meine Schulden werden immer größer. Ich weiß nicht, was ich tun soll.
Schuld-o-meter
0:11 / 2:34
12. Juli: Totale Verzweiflung
Ich habe einen neuen Job, aber ich verdiene nicht besonders viel. Die Kreditkartenzinsen steigen und steigen …
Wie komme ich nur raus aus diesem Teufelskreis? Glücksspiel? Diebstahl? Ich bin fix und fertig.
Schuld-o-meter
1:49 / 9:14
16. Oktober: Lösung in Sicht
Gute Neuigkeiten, ihr Lieben! Ich habe mit einem Finanzberater gesprochen. Er heißt Tim und er sagt, dass es VIELE Wege aus der Verschuldung gibt.
Hier sind einige Tipps …
Schuld-o-meter
0:32 / 3:03

Fr 09:37

http://www.tims-finanztipps.de

TIMS FINANZTIPPS

„Mit meinen über 20 Jahren Berufserfahrung können Sie mir bei allen finanziellen Fragen vollständig vertrauen.“

Weniger für länger

Fragen Sie den Kreditgeber, ob Sie Ihre Schulden in kleineren Raten und über einen längeren Zeitraum abbezahlen können.

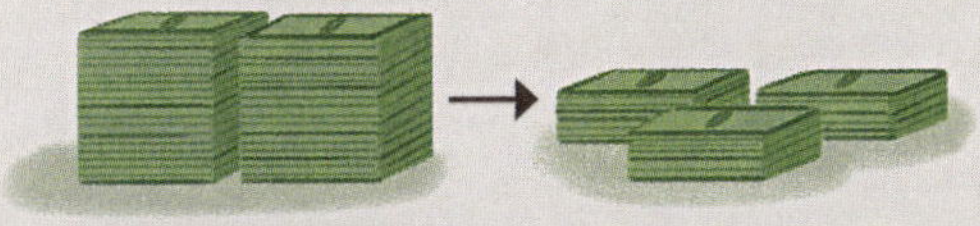

Schulden einfrieren

Kreditgeber wollen natürlich ihr Geld zurück, aber manchmal sind sie bereit, etwas länger zu warten. Bitten Sie um eine Rückzahlungspause von ein oder zwei Monaten.

Paketlösung

Manche Menschen haben bei mehreren Personen oder Unternehmen gleichzeitig Schulden und verlieren den Überblick. In diesem Fall können Sie einen einzigen höheren Kredit aufnehmen, der sich zur Abzahlung der einzelnen Schulden leichter verwalten lässt.

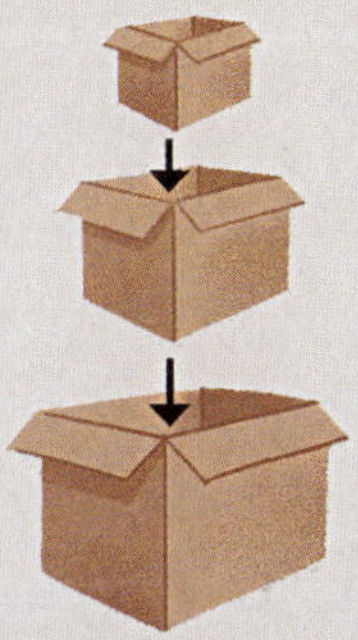

Entschuldung

Ist eine Rückzahlung des Kredits absolut unmöglich, erlassen Ihnen manche Kreditgeber mitunter einen Teil Ihrer Schulden. Sie akzeptieren lieber etwas weniger, als gar nichts zu bekommen. Man spricht hier von **Entschuldung**.

Schuldschein

Hilfe suchen

Manchmal können Menschen mit großen Schuldenproblemen Geld von lokalen Behörden beantragen.

Ich stehe Ihnen jederzeit mit Rat und Tat zur Seite.

Ein letzter Ausweg

Wenn jemand sehr, sehr hohe Schulden hat und es absolut unmöglich ist, alles zurückzuzahlen, kann er **Insolvenz** beantragen. Das bedeutet, dass die Schulden erlassen oder abgeschrieben werden. Das ist aber wirklich nur ein letzter Ausweg, denn die betroffene Person muss alle zumutbaren Anstrengungen unternehmen, um ihre Schulden abzutragen. Es kann zum Beispiel sein, dass ein Teil ihres Einkommens gepfändet wird. Eine Insolvenz verringert die Höhe künftiger Kredite und kann sich negativ darauf auswirken, welchen Beruf man ausüben darf

Illegale Einkünfte

Bei vielen Straftaten geht es um Geld, ob es sich nun um Taschendiebstahl handelt oder um falsche Angaben zum Einkommen, um weniger Steuern zu zahlen. Hier sind einige Beispiele für solche – manchmal leider erfolgreichen – strafbaren Handlungen.

Diebstahl

Diebstahl ist, wenn man jemandem ohne Erlaubnis etwas wegnimmt.
Beispiel: **Einbruch** in eine Bank.

2005 hat meine Bande einen Laden in Brasilien gekauft. Wir haben so getan, als sei es ein richtiger Laden, tatsächlich haben wir aber monatelang einen Tunnel zu einer nahe gelegenen Bank gegraben.
Dann haben wir ein Loch in den Tresor der Bank gebohrt und über drei Tonnen brasilianische Banknoten gestohlen.

Betrug

Betrug ist, wenn jemand eine andere Person überlistet und sie so dazu bringt, ihm Geld zu geben, oder wenn er jemandem Geld überlässt, das er sich gesetzeswidrig angeeignet hat.
Beispiel: **Veruntreuung**. Dabei schlägt jemand persönlichen Gewinn aus Geld, das ihm ein Unternehmen anvertraut hat.

Ich war in einer wohltätigen Einrichtung für die Auszahlung der Gehälter zuständig.
Ich habe mir selbst zusätzliches Geld ausgezahlt, insgesamt 465 000 Euro. 30 Jahre lang hat niemand etwas davon bemerkt.

Geldwäsche ist ebenfalls eine Art Betrug. Dabei vertuscht jemand, woher bestimmte Gelder wirklich kommen und gibt vor, er hätte das Geld rechtmäßig verdient.

Ich habe mehrere Unternehmen gegründet, die es gar nicht gab, und in ihrem Namen Bankkonten eröffnet.
Ich habe Geld gestohlen und es auf diese Konten eingezahlt. Dann sah es so aus, als hätten die Unternehmen das Geld wirklich verdient.

Phishing ist der Versuch, an Geld oder vertrauliche Daten, wie beispielsweise persönliche Bankangaben, heranzukommen. Dies geschieht oft über das Versenden von Links zu gefälschten Webseiten.

2017 erhielten die Angestellten einer kanadischen Universität E-Mails mit dem Inhalt, dass ein Unternehmen, dem die Universität Geld schuldete, eine neue Bankverbindung hätte.

Das Unternehmen schien glaubwürdig.
Die E-Mails wirkten echt.
Seit diesem Vorfall sind wir viel vorsichtiger geworden.

Die Universität überwies mehr als acht Millionen US-Dollar auf das Konto, das in Wirklichkeit einem Betrüger gehörte.

Geldkartenbetrug bedeutet, dass jemand unerlaubt die Angaben von Geld- oder Kreditkarten an sich bringt und damit Geld stiehlt oder dass er die Angaben an andere weiterverkauft.

2007 installierten zwei Männer in London versteckte Kameras an Geldautomaten, sodass sie die Kartenangaben einschließlich Geheimzahl aufzeichnen konnten, wenn Kunden die Automaten nutzten. Auf diese Weise brachten sie die Kontoangaben von 19 000 Karteninhabern an sich.

Dann stellten wir in einer Fabrik gefälschte Kreditkarten her, mit denen wir bezahlten oder Geld abhoben. Insgesamt haben wir über 20 Millionen US-Dollar gestohlen.
Und wir sind beinah damit durchgekommen ... grr!

Geld online schützen

Die Tricks, Schwindeleien und Diebstähle, die es im richtigen Leben gibt, finden auch online statt. Sei deshalb bei allen Käufen im Internet vorsichtig und überlege genau, welche Informationen du weitergibst.

Beispielsweise mit diesen Tricks soll dir das Geld aus der Tasche gezogen werden:

Kostenlose Probezeiten

Viele Webseiten oder Apps bieten dir kostenlose Probezeiten an. Sind diese abgelaufen, werden oft automatisch Gebühren berechnet.

„Virtuelles“ Geld

Wenn du in einem Online-Spiel mit „virtuellem“ Geld bezahlst, kostet dich das oftmals auch echtes Geld.

Teure Plug-ins

Manche Spiele oder Apps sind bis zu einem gewissen Punkt gratis, für ein neues Level oder bestimmte Spielfunktionen fallen aber Gebühren an.

Möglicherweise gibst du aufgrund solcher Methoden mehr Geld aus, als du eigentlich wolltest. Das mag unfair erscheinen, ist per Gesetz aber nicht verboten. Verboten ist jedoch, dir über gefälschte Webseiten deine persönlichen Daten zu entlocken. Dieses **Phishing** kann dazu führen, dass jemand in deinem Namen dein Geld ausgibt.

Offizielle Webseiten

Hacker können identische Kopien von offiziellen Webseiten erstellen, über die sie an die Anmeldedaten und Kreditkartenangaben der Webseitenbesucher kommen.

Verdächtige Webseiten

Webadresse in einem unbekannten Format

Aufforderung zur Eingabe persönlicher Daten

Ein Pop-up

PRÄCHTIGER PREIS!
Glückwunsch!
Sie wurden ausgewählt!
-
Hier klicken und Preis sichern!
OK

Mit dem Klick auf „OK“ wird schädliche Software runtergeladen.

Links in einer Nachricht

Links in Textnachrichten oder E-Mails können zu einer Webseite führen, die deine persönlichen Daten erfragt.

Tipps zur Sicherheit

Natürlich verfolgen nicht alle Links und Pop-ups böse Absichten, aber manchmal lässt sich das auf den ersten Blick schwer beurteilen. Hier findest du einige Tipps, mit denen du böse Überraschungen vermeiden kannst.

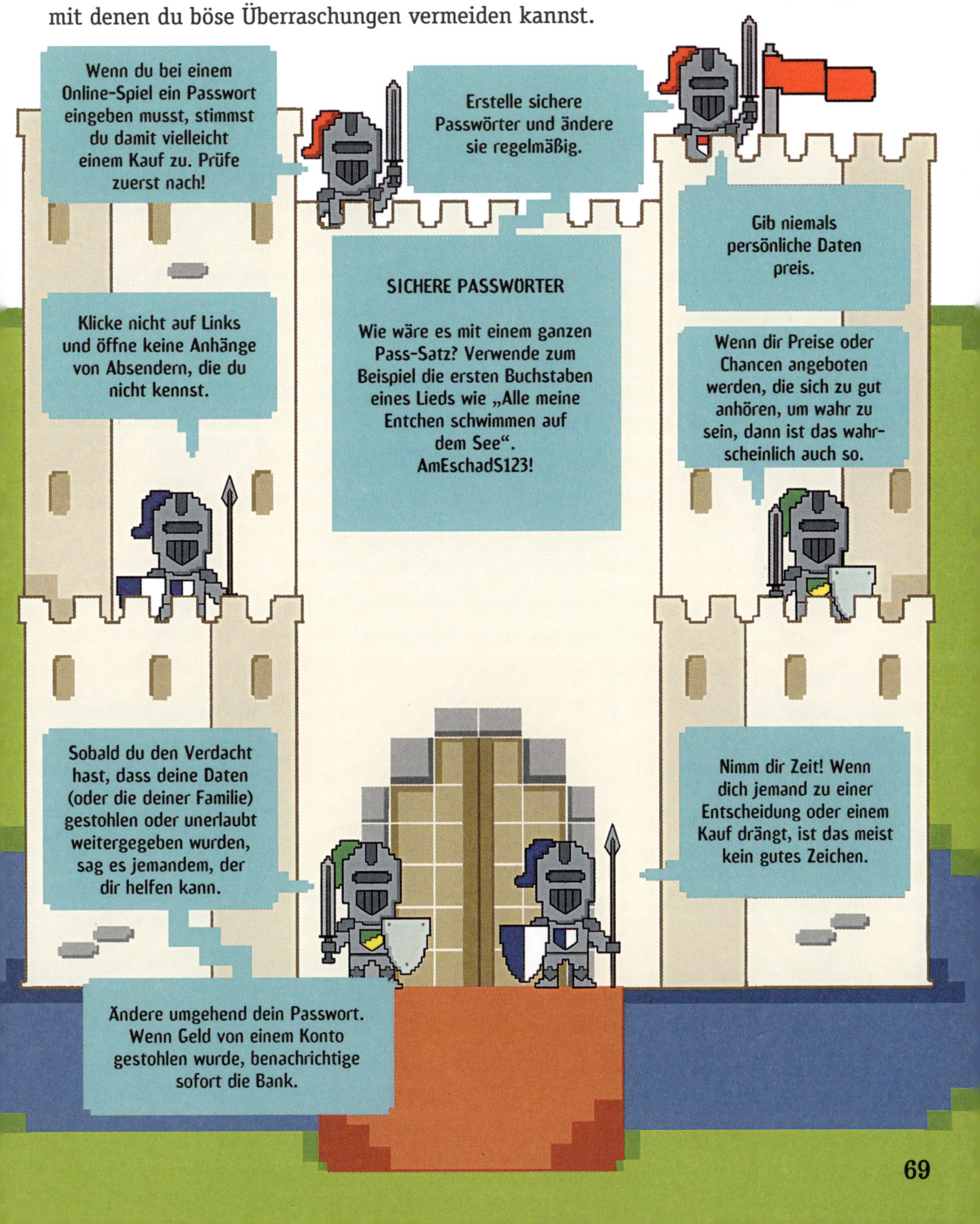

Wenn du bei einem Online-Spiel ein Passwort eingeben musst, stimmst du damit vielleicht einem Kauf zu. Prüfe zuerst nach!
Erstelle sichere Passwörter und ändere sie regelmäßig.
SICHERE PASSWÖRTER
Wie wäre es mit einem ganzen Pass-Satz? Verwende zum Beispiel die ersten Buchstaben eines Lieds wie „Alle meine Entchen schwimmen auf dem See“. AmEschadS123!
Gib niemals persönliche Daten preis.
Klicke nicht auf Links und öffne keine Anhänge von Absendern, die du nicht kennst.
Wenn dir Preise oder Chancen angeboten werden, die sich zu gut anhören, um wahr zu sein, dann ist das wahrscheinlich auch so.
Sobald du den Verdacht hast, dass deine Daten (oder die deiner Familie) gestohlen oder unerlaubt weitergegeben wurden, sag es jemandem, der dir helfen kann.
Nimm dir Zeit! Wenn dich jemand zu einer Entscheidung oder einem Kauf drängt, ist das meist kein gutes Zeichen.
Ändere umgehend dein Passwort. Wenn Geld von einem Konto gestohlen wurde, benachrichtige sofort die Bank.

5. Kapitel: Ausgeben, sparen und spenden

Sobald du Geld in den Händen hast, kannst du es **ausgeben** – hurra! Bevor du aber alles auf einmal auf den Kopf haust, solltest du herausfinden, wie du deine Ausgaben **verwalten** und kontrollieren kannst. Denn nur zu leicht gewöhnt man sich daran, mehr auszugeben, als man hat. Und dadurch kann dein Leben ganz schön kompliziert werden.

Meist ist es eine gute Idee, nicht alles auszugeben. Durch **Sparen** und **Investieren** kannst du aus deinem Geld möglicherweise mehr Geld machen. Oder du kannst mit deinem Geld anderen Menschen helfen, indem du es für einen guten Zweck **spendest**, der dir am Herzen liegt.

Haushaltsplanung

Egal, ob du große oder kleine Ersparnisse und Einkünfte hast – es ist auf jeden Fall eine gute Idee, genau zu überlegen, was du mit dem Geld machen möchtest. Schreibe beispielsweise auf, woher dein Geld kommt und wofür du es ausgeben willst, etwa so wie in diesem **Haushaltsplan**.

Monatsübersicht

Einnahmen:

Gehalt	3600,00€
Online verkaufte Dinge	120,00€
GESAMT	3720,00€

Ausgaben:

	Geplant:	Tatsächlich:
Steuern	900,00€	900,00€
Miete + Rechnungen	1020,00€	1020,00€
Fahrtkosten	260,00€	250,00€
Lebensmittel	200,00€	300,00€
Freizeit	940,00€	830,00€
Sparen	400,00€	400,00€
GESAMT	3720,00€	3700,00€

Manche Menschen planen pro Woche, andere über mehrere Monate hinweg.

Einnahmen
(und woher sie kommen)

Auch das ist eine Möglichkeit, neben der Arbeit Geld zu verdienen.

Ausgaben
(und wohin sie gehen)

Das Geld, das zur Verfügung steht, wird auch als **Budget** bezeichnet.

In dieser **Abrechnung** wird festgehalten, was tatsächlich ausgegeben wurde.

Die Person in diesem Beispiel hat sich gut an ihren Plan gehalten. Die Einnahmen waren höher als die Ausgaben. Wenn Menschen ihr Budget überschreiten, sind die Ausgaben höher als die Einnahmen.

Es ist wichtig, einen Überblick über die eigenen Ausgaben zu haben – das hilft dir dabei, dich an dein Budget zu halten.

Ich bin total altmodisch. Ich bewahre alle Belege auf und notiere jede Woche meine Ausgaben.
Mein Konto und meine Geldkarte sind mit einer App verbunden, die automatisch alle Zahlungen speichert.

Vernünftig haushalten

Wenn du dein Budget nicht sprengen willst, musst du deine Ausgaben in der Regel begrenzen. Die meisten Menschen können es sich nicht leisten, immer und überall das zu kaufen, was sie gern hätten. Wie du mit deinem Geld vernünftig umgehen und Geld sparen kannst, verraten dir die folgenden Tipps.

SPARZEIT

27. Mai 2019
95 Cent

Frau Sparschweins Spartipps

Außerhalb der Saison kaufen!

Wintermäntel und Schals sind im Sommer günstiger. Kaufe Kleidung im Voraus, bevor du (und alle anderen) sie brauchst.

Aber ziehe sie nicht gleich an …

Preise vergleichen!

Gehe in mehrere Geschäfte und vergleiche, wo das von dir gesuchte Produkt billiger ist. Checke auch verschiedene Angebote im Internet.

Eine Einkaufsliste schreiben!

Viele Käufe sind nicht geplant – was nicht unbedingt schlecht sein muss. Wenn es aber ständig passiert, können die Ausgaben in die Höhe schießen. Plane deine Ausgaben deshalb im Voraus und reduziere Spontankäufe.

Was nicht auf der Liste steht, kommt nicht in den Wagen.

Rabattcodes prüfen!

Einige Webseiten bieten für den Online-Kauf Rabattcodes an. Schaue immer nach solchen Codes, bevor du etwas kaufst.

Zu Fuß gehen, wenn es geht!

Gehe kurze und sichere Strecken zu Fuß, anstatt den Bus zu nehmen, und spare so das Geld für das Busticket.

Mehrausgaben

Selbst beim sorgfältigen Haushalten kann es passieren, dass man mehr als gewollt ausgibt.

Manchmal überschreitet man sein Budget, weil man muss.

Mein Auto ist kaputt. Die Reparatur kostet ein Vermögen!
Bei meiner Schwester wurde letzten Monat eingebrochen. Jetzt muss sie die gestohlenen Dinge teuer ersetzen.

Manchmal gibt man auch aus Leichtsinn zu viel aus. Geschäfte oder Unternehmen verleiten uns sogar oft dazu, zum Beispiel mit diesen Methoden:

Bei **Sonderangeboten** greifen Kunden häufiger zu.

~~Bisher 2,99€~~
JETZT 0,99€

Unternehmen platzieren überall **Werbung**, damit Kunden ihre Produkte kaufen.

NEU!!!
ERDBEER-CRUNCH
NEU!!!
ERDBEER-CRUNCH

Manche Firmen stellen begeisterte, aber **gefälschte Bewertungen** ins Internet.

ERDBEER-CRUNCH
5 Sterne! Ein supergesunder UND leckerer Snack!!!

Andere bieten ihren Kunden Rabatte für eine positive Bewertung.

Teure Angelegenheiten

Oft sind ungeplante, unerwartete Vorfälle oder Schäden der Grund für große Ausgaben. Zum Glück übernimmt manchmal jemand anderes die Kosten für Reparatur oder Ersatz. An dieser Stelle kommen die **Versicherungen** ins Spiel.

Jakob kauft ein neues Haus und muss es gegen Schäden versichern, die eines Tages eventuell auftreten können.

Ein **Versicherungsunternehmen** übernimmt die Kosten für die Reparaturen nach einem Feuer oder Wasserschaden …

Es könnte ein Feuer ausbrechen oder eine Überschwemmung geben.
Toll!
Okay!
Oh, na gut.
Verstanden. Ich werde aufpassen.

… in Höhe der Schadenssumme …

… wenn Jakob jeden Monat 90 Euro in die Versicherung einzahlt …

… und auch nur, wenn Jakob nicht an dem Feuer oder Wasserschaden schuld ist.

In Jakobs Haus setzte ein Rohrbruch die Küche unter Wasser. Jakob konnte nachweisen, dass er keine Schuld an dem Schaden trug und dass er für die Reparatur 10 000 Euro bezahlt hat. Die Versicherung erstattete die Kosten.

Versicherungen gibt es für alle möglichen Fälle …

versäumte Flüge 

kranke Tiere 

Stolpern 

Versicherungen können Kosten für Schäden übernehmen, weil ihre Kunden monatliche Beiträge einzahlen. Diese sind höher als die anfallenden Kosten. Dennoch verweigern sie manchmal Zahlungen – und machen es ihren Kunden schwer zu beweisen, dass es nicht ihre Schuld war.

> **Es tut uns leid, mein Herr, wir werden die beim Einbruch entwendeten Gegenstände nicht ersetzen. Sie haben in sozialen Medien gepostet, wann Sie in den Urlaub fahren. Die Einbrecher haben das möglicherweise gesehen und wussten, dass zur Tatzeit niemand zu Hause sein wird.**

Wachstumssparen

Geld ist nicht nur zum Ausgeben da. Du kannst daraus auch mehr Geld machen – und es zum Beispiel auf ein Bankkonto einzahlen, das Zinsen einbringt. Das ist eine einfache Methode, dein Geld ein bisschen anwachsen zu lassen und für die Zukunft zu sparen.
Das funktioniert so:

Aus Kapitel 3 weißt du, dass Geld nicht nur auf einem Bankkonto herumliegt und gar nichts tut ...

Ausgaben und Investitionen
Die Bank verdient Geld durch Investitionen und Zinsen auf Geld, das sie an Kunden verleiht.
Ein Teil wird von der Bank ausgegeben oder investiert.
Dein Bankkonto
Etwas vom Gewinn der Bank wird deinem Bankkonto monatlich oder jährlich als **Zinsen** gutgeschrieben.
Gewinne der Bank

Deine Zinsen errechnen sich nach einem bestimmten Prozentsatz aus der Summe, die sich auf deinem Bankkonto befindet. Das ist der sogenannte **Zinssatz**. Für verschiedene Arten von Konten gelten verschiedene Zinssätze. Wenn du dein Geld nicht ausgibst, vermehrt es sich je nach Kontoart um einen bestimmten Betrag.

Unser *Sparkonto* hat einen Zinssatz von 4,5 Prozent. Wenn Sie nichts einzahlen oder abheben, haben Sie bei einem Startkapital von 100 Euro nach einem Jahr 104,50 Euro.
Unser *Girokonto* bietet keine Zinsen. Wenn Sie nichts einzahlen oder abheben, sind 100 Euro nach einem Jahr immer noch 100 Euro.
GRÜNBAUM-BANK

Girokonten haben in der Regel geringere Zinssätze als Sparkonten oder gar keine. Warum ist das so?

Girokonten sind dazu da, den täglichen Umgang mit Geld zu vereinfachen.

Mit meiner Debitkarte kann ich sofort auf mein Geld zugreifen.
6578 6266 7731 5689
Ich kann für Einkäufe online bezahlen.
BEZAHLEN
Und ich kann jederzeit Geld abheben.
Geldautomat

Die meisten Menschen nutzen ihr Girokonto mehrmals pro Woche. Das Kontoguthaben ändert sich oft.

Sparkonten sind dazu da, Geld zu sparen und Vermögen zu bilden.

Um auf mein Geld zugreifen zu können, muss ich es zuerst auf mein Girokonto überweisen oder direkt zur Bank gehen.
Ich kann auch nur eine festgelegte Anzahl von Überweisungen pro Monat tätigen.

Mit dem Geld auf einem Sparkonto kann man nicht so einfach für Dinge bezahlen. Das Kontoguthaben ändert sich eher selten.

Banken sind auf zuverlässige Geldquellen angewiesen. Sie müssen wissen, wie viel sie verleihen oder investieren können. Sparkonten sind zuverlässiger, da sich das Guthaben auf ihnen seltener verändert als auf Girokonten. Deshalb bieten Banken ihren Kunden für Sparkonten höhere Zinssätze an.

Wer wünscht sich nicht, dass sein Vermögen schnell wächst?

Investitionen

Investitionen sind eine weitere Möglichkeit, Geld „wachsen" zu lassen: Man gibt Geld für etwas aus und hofft, dass es später mehr wert ist. Was wir kaufen oder besitzen und was wir weiterverkaufen können, wird als **Vermögen** bezeichnet. Lina könnte in diese Vermögensarten investieren:

Wertgegenstände

Manche wertvollen Dinge steigen im Laufe der Zeit im Wert, zum Beispiel Häuser, Kunstwerke oder Schmuck. Die Wertzunahme lässt sich jedoch nicht sicher vorhersagen.

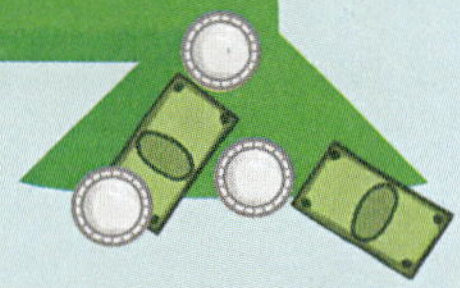

Wenn Lina in der Zukunft einen Wertgegenstand verkauft und dieser dann mehr wert ist, macht sie einen Gewinn.

Anleihen

Anleihen sind Schulden, die du von Unternehmen oder Regierungen kaufst (siehe Seite 32).

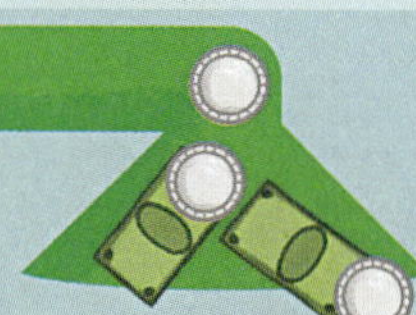

Das Unternehmen oder die Regierung verspricht, die Schulden *plus Zinsen* zu einem bestimmten Datum zurückzuzahlen (meist nach vielen Jahren).

Aktien

Eine **Aktie** ist ein kleiner Anteil an einem Unternehmen (siehe Seite 33).

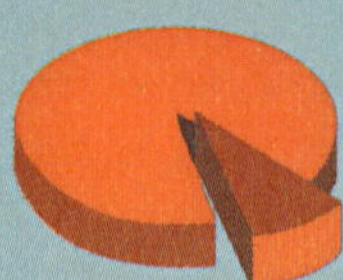

Geht es dem Unternehmen gut, steigt auch der Wert seiner Aktien …

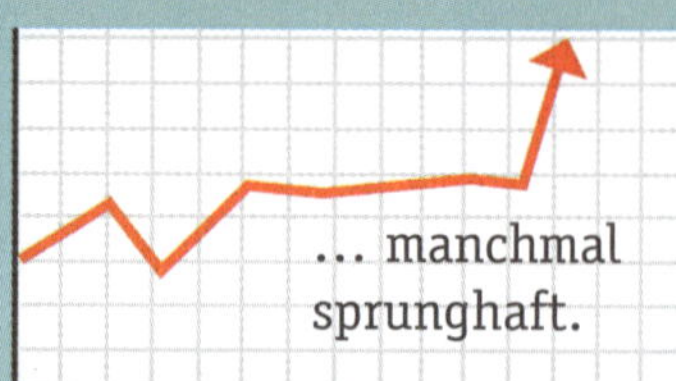

Lina kann mit ihren Aktien auf zweierlei Weise Geld verdienen.

1. Sie verkauft die Aktien zu einem höheren Preis, als sie beim Kauf bezahlt hat – in der Regel bei gut laufenden Unternehmen.

2. Sie erhält regelmäßige Zahlungen aus dem Gewinn des Unternehmens, sogenannte **Dividenden**.

Ich kann allerdings auch Geld verlieren. Wenn der Wert der Aktien stark sinkt, kann ich sie eventuell nicht teurer verkaufen, als ich sie gekauft habe.

Geld verdienen, ohne zu arbeiten

Manche Menschen legen so viel Geld an, dass sie von ihren Investitionen gut leben können – auch nach Abgabe aller fälligen Steuern. Lina hat 20 Jahre lang fleißig investiert und gespart. Jetzt möchte sie nicht mehr arbeiten.

Sie hat …

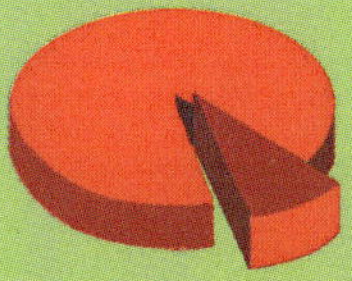

… 50 000 Euro in Aktien investiert, die ihr 19 000 Euro im Jahr einbringen.

… 1 000 000 Euro auf einem Sparkonto, das ihr 40 000 Euro Zinsen pro Jahr einbringt.

… zwei Wohnungen, die sie vermietet, was ihr 20 000 Euro im Jahr einbringt.

79 000 Euro im Jahr? Genug für eine Königin!

Die meisten Menschen verdienen nicht genug, um so viel Geld investieren zu können. Aber selbst Sparer mit einem kleinen Vermögen können allmählich über viele Jahre hinweg immer wieder etwas investieren. Mit viel Zeit, Mühe und einer Prise Glück gelingt es ihnen vielleicht, von ihren Investitionen leben zu können – und sich wie Lina zur Ruhe zu setzen.

Vorsicht

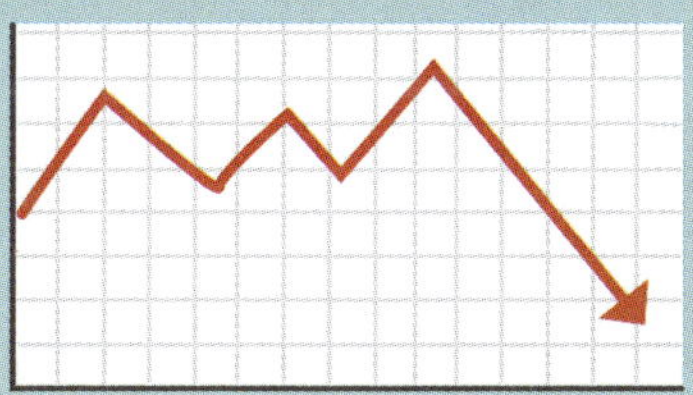

Investitionen bergen immer auch ein gewisses Risiko und geben keine Garantie für Gewinne.

Das Unternehmen, dessen Aktien du besitzt, macht vielleicht Verluste und ist nicht mehr in der Lage, eine Dividende auszuschütten. Oder die Zinsen deines Sparkontos sinken.

Von **Inflation** spricht man, wenn die Kosten für alle Güter kontinuierlich steigen (mehr dazu auf Seite 98).

Wenn die Preise steigen, bekommst du weniger für dein Geld. In zehn Jahren sind 79 000 Euro vielleicht viel weniger wert als heute.

Zu meiner Zeit kostete eine Eintrittskarte für ein Oberligaspiel zwei Euro. Jetzt bekomme ich nicht einmal mehr einen Hotdog dafür.

Aktien kaufen und verkaufen

Die meisten Aktien werden an der **Börse** von sogenannten **Börsenmaklern** gehandelt. Unternehmen und Investoren bestimmen, wie viele Aktien sie verkaufen wollen. Andere Investoren verhandeln dann einen Preis mit den Maklern, bevor sie die Aktien kaufen.

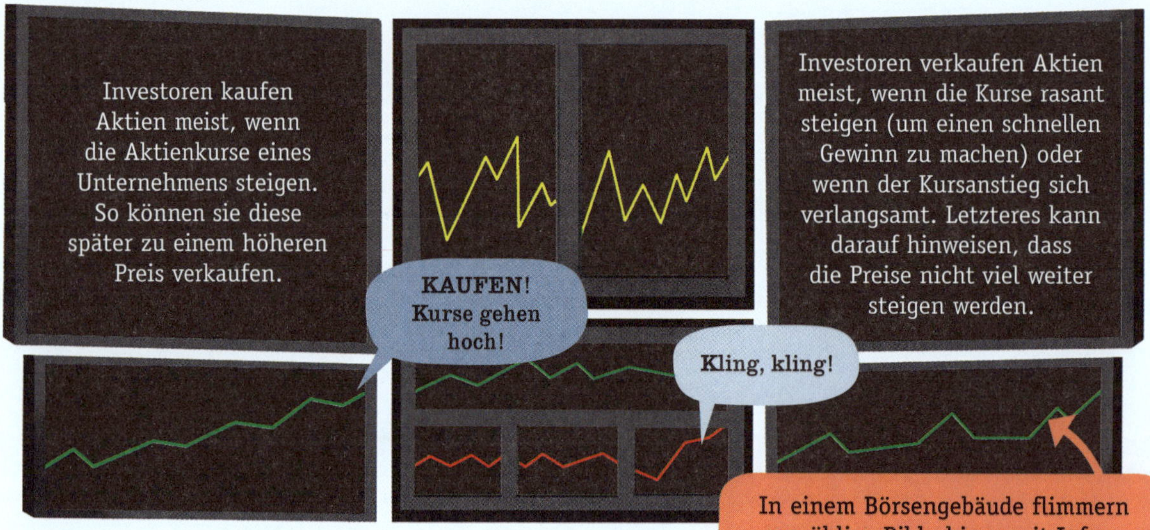
Investoren kaufen Aktien meist, wenn die Aktienkurse eines Unternehmens steigen. So können sie diese später zu einem höheren Preis verkaufen.
KAUFEN! Kurse gehen hoch!
Investoren verkaufen Aktien meist, wenn die Kurse rasant steigen (um einen schnellen Gewinn zu machen) oder wenn der Kursanstieg sich verlangsamt. Letzteres kann darauf hinweisen, dass die Preise nicht viel weiter steigen werden.
Kling, kling!

In einem Börsengebäude flimmern unzählige Bildschirme mit Informationen zu den neuesten Aktienkursen. Investoren erhalten diese Informationen im Internet, in Zeitungen oder im Gespräch mit Börsenmaklern.

Riskante Aktien

Aktien sind riskante Investitionen, da sie genauso schnell an Wert verlieren können, wie sie manchmal an Wert gewinnen. Lina besitzt Anteile am Unternehmen *Sonnensaft AG* und verfolgt stets deren Wert. Sie chattet mit ihrem Börsenmakler, wenn sie eine Frage hat.

Hilfe! Die Aktienkurse sind plötzlich gefallen. Was soll ich tun?
Haben Sie eine Frage?

LIVECHAT mit AktienPro.

Guten Morgen, der Kurs für die Aktien der *Sonnensaft AG* ist gefallen. Soll ich verkaufen?

Warten Sie noch einige Tage. Er wird sicher wieder steigen.

Okay. Und wenn er weiter sinkt?

Dann sollten Sie verkaufen, um keine Verluste zu machen. Kaufen Sie Aktien von *Risa-Reis*. Die gehen gerade hoch.

Lina kann ihr Risiko verringern, wenn sie ihre Investitionen auf mehrere Unternehmen verteilt.

Ich kaufe fünf Aktien von *Grüner Strom* …
… acht Aktien von *Allmilch* …
… vier von *Stahlo AG* …
… und sechs von *ABC Computer*.

Wenn nun die Aktienpreise eines Unternehmens sinken, die anderen jedoch steigen oder stabil bleiben, halten Linas Verluste sich in Grenzen. Eine solche Verteilung wird als **Diversifikation** bezeichnet. Lina kann ihren Aktienbesitz selbst diversifizieren oder sie kann in einen **Investmentfonds** investieren. Bei einem solchen Fonds sammelt ein Unternehmen Geld von Anlegern ein, legt es zum Beispiel in verschiedene Aktien, Anleihen oder Immobilien an und behält einen Teil des Gewinns daraus für sich.

Gute Aktien, schlechte Aktien

Manche Investitionen sind bedenklich, sagen die einen. Andere sehen das anders.

Man sollte nicht in Ölfirmen investieren. Die Verbrennung von Öl schadet der Umwelt und die Abgase sind schlecht für die Gesundheit.
Aber wir alle *brauchen* Öl für Autos und Strom. Ölfirmen brauchen das Geld der Investoren, um genug Öl fördern und die Preise niedrig halten zu können. Wird dieser Rohstoff plötzlich viel teurer, trifft es vor allem die ganz normalen Leute.
Aber die trifft es doch sowieso, wenn es irgendwann kein Öl mehr gibt. Wir müssen in erneuerbare Energien investieren, damit wir eine Alternative zum Öl haben.
Ich habe eine andere Idee: Kaufen Sie *mehr* Aktien von Ölfirmen, dann können Sie mitbestimmen, was die Firmen tun. Die Aktionäre können die Ölfirmen davon überzeugen, umweltfreundliche Energiequellen zu entwickeln.

Geld für einen guten Zweck

Du musst nicht reich sein, um Geld für einen guten Zweck zu spenden. Wenn man durch Veranstaltungen oder Aktivitäten Geld für eine wohltätige Einrichtung sammelt, spricht man von einer **Spendenaktion**.

Spendensammeln ist harte Arbeit, für die du dir am besten Unterstützung suchst. Du könntest damit anfangen, ein Familienmitglied oder einen Lehrer um Hilfe zu bitten. Dann planst du deine Veranstaltung mithilfe folgender Fragen und Tipps:

Welche Art von Aktion soll es sein?

- Quizabend?
- Basketballturnier?
- Radtour oder Dauerlauf für einen guten Zweck?
- Flohmarkt?

Brauche ich eine Erlaubnis dafür?

- Erlaubnis der Schule für ein Wohltätigkeitskonzert
- Erlaubnis der Stadtverwaltung für das Spendensammeln auf der Straße (mit einem Erwachsenen)

Tipps und Tricks

Wie du Menschen zum Spenden bringen kannst, erfährst du an diesem Beispiel einer Spendenaktion für einen Hundeschutzverein.

Setze dir ein klares Ziel.

Wir wollen 500 Euro für die örtliche Hundenothilfe sammeln!

Biete Anreize.

Wenn Sie 20 Euro spenden, gehe ich eine Woche lang **JEDEN TAG** mit Ihrem Hund umsonst Gassi.

Wie mache ich Werbung für meine Aktion?

- Anzeige im Lokalblatt?
- Poster aufhängen?
- Bekanntmachung in der Schulversammlung?
- Ereignis in sozialen Medien erstellen?
- Crowdfunding-Webseite einrichten (siehe Seite 43)?

Welche Kosten können entstehen? Die Spenden sollten höher sein als die Ausgaben.

- Raummiete (zum Beispiel für einen Quizabend)?
- Beschaffung von Material (zum Beispiel Snacks für die Basketballmannschaften)?
- Karten für Einladungen und Danksagungen?
- Werbematerial, um auf die Aktion aufmerksam zu machen?

Rührende Geschichten sind oft überzeugender als Zahlen und Fakten.

Biete mehrere Methoden zum Spenden an und verbreite die Informationen.

So hat Schnuffi ein neues Zuhause gefunden …
Jedes Jahr landen 100 000 Hunde im Tierheim …
Wenn ihr nicht kommen könnt, aber trotzdem etwas spenden oder euren Freunden davon erzählen wollt, dann besucht die Webseite des Hundeschutzvereins. Klickt auf „Spenden" und schickt den Link an eure Kontakte.

Welcher gute Zweck soll es sein?

Ist es wichtiger, Tiere zu schützen oder den Menschen in trockenen Teilen der Erde einen Zugang zu frischem Wasser zu ermöglichen? Es gibt so viele wohltätige Organisationen, die Spenden brauchen. Für welche soll man sich bloß entscheiden?

Guten Tag und willkommen zur heutigen Ausgabe von *Der gute Zweck!*
Auch diese Woche stelle ich, Thomas Gibviel, hier im Studio wieder Fragen an die Vertreterinnen zweier Wohlfahrtseinrichtungen …
… und unser großzügiges Publikum wird entscheiden, an wen die Spende geht.
Der gute Zweck
So, liebe Gäste, was macht Ihre Organisation und wie vielen Menschen helfen Sie jeden Monat?
Hallo, ich heiße Janine und arbeite für *Kreativkinder Frankreich*. Wir veranstalten Kunst- und Bastelkurse für Kinder aus sozial benachteiligten Familien.
Unser Hauptsitz ist in Paris, unsere Kurse gibt es aber in ganz Frankreich. Wir unterrichten zweimal pro Monat rund 400 Kinder.
Hi! Ich bin Anaya von *Zweite Sicht*. Wir versenden Starterkits an Blinde, mit denen sie zu Hause die Blindenschrift erlernen können.
Unser Hauptsitz ist Mumbai in Indien, wir verschicken unsere Pakete aber in die ganze Welt. Durchschnittlich sind es 70 Kits pro Monat.

Super Sache! Meine nächste Frage: Wenn ich Ihnen hier und jetzt 100 Euro gebe, was würde Ihre Organisation mit dem Geld tun?
Wir möchten in Paris eine kleine Galerie eröffnen, in der die Kinder ihre Werke ausstellen können. Das wird mindestens 800 000 Euro kosten, aber jede Spende hilft!
Material und Porto für ein Kit kosten 20 Euro. Mit 100 Euro könnten wir fünf Pakete verschicken.
Das hört sich gut an! Und von den 100 Euro, wie viel würde für Personalkosten und andere logistische Zwecke abgehen?
Wir sind eine große Organisation. Ungefähr 30 Euro würden für Personalkosten abgehen und weitere 10 Euro für die Anschaffung von Material.
Wir sind nur zu zweit. Unsere Gehälter finanzieren sich aus staatlichen Zuschüssen, die 100 Euro würden also komplett in den Versand der Kits fließen.
Fantastisch! Nun meine letzte Frage: Wie viel erhalten Sie monatlich von regelmäßigen Spendern?
Etwa 50 000 Euro.
4900 Euro.
Liebe Zuschauer, beide Kandidatinnen engagieren sich für einen guten und wichtigen Zweck. Aber für welchen werden Sie sich entscheiden?
Meine kleine Nichte wohnt in Paris. Ich wähle *Kreativkinder Frankreich.*
Zweite Sicht bekommt nicht viele Spenden, daher wähle ich sie.
Ich nehme auch *Zweite Sicht.* Die Gehälter werden staatlicherseits bezahlt, daher geht meine Spende direkt an die Bedürftigen.
Ich bin Millionär. Ich könnte das ganze Galeriegebäude für *Kreativkinder Frankreich* finanzieren. Meine Spende wäre eine einmalige Hilfe für die Organisation.

Auf die Frage, welche Organisation besser ist, gibt es keine richtige oder falsche Antwort. Ein Grund für die Entscheidung kann zum Beispiel eine persönliche Beziehung zu der Einrichtung sein und was die Spende dort bewirken kann.

Philanthropie

Philanthropen sind Menschen, die Gutes für andere tun. Für sehr wohlhabende unter ihnen ist eine einmalige große Spende nicht immer die wirksamste Methode, ihr Geld einem guten Zweck zukommen zu lassen. Stattdessen gründen sie manchmal wohltätige oder philanthropische **Stiftungen** und können so regelmäßig größere Summen für eine gute Sache spenden.

Wohltätige Stiftungen werden zum großen Teil aus dem Geld finanziert, das die Investitionen reicher Leute abwerfen.

Ich habe MILLIARDEN in Aktien und Immobilien investiert.
Dann habe ich eine Stiftung gegründet, die mit Geld aus diesen Investitionen Schulen in ländlichen Gebieten Indiens aufbaut.
Azim Premji, indischer Unternehmer und Philanthrop

Mit dem Geld aus den Investitionen verfügt die Stiftung (und alle Institutionen, die sie unterhält) über zuverlässige, regelmäßige Finanzmittel, sodass sie ihre wohltätige Arbeit über lange Zeit fortsetzen kann.

Viele Stiftungen existieren noch lange nach dem Tod ihrer Gründerin oder ihres Gründers.
A.CARNEGIE
1835–1919

Die Stiftungen des in Schottland geborenen Unternehmers Andrew Carnegie unterstützen noch heute Hunderte von Bibliotheken auf der ganzen Welt. Er förderte ihre Eröffnung mit dem enormen Vermögen, das er in der Stahlindustrie erwirtschaften konnte.

Sind Spenden wirklich immer sinnvoll?

Soziale Einrichtungen und Stiftungen tragen wesentlich dazu bei, die Lebensbedingungen vieler Menschen auf der ganzen Welt zu verbessern. Aber nicht jeder findet alle Arten von Wohltätigkeit und Spenden grundsätzlich gut, zum Beispiel aus folgenden Gründen:

Manche Menschen spenden lieber an wohltätige Organisationen, die die Ursachen eines Problems und nicht nur seine Auswirkungen bekämpfen.

Eine kleine Spende, bitte! Helfen Sie uns dabei, den Plastikmüll aus den Meeren zu fischen!
Sollten wir nicht lieber dafür sorgen, dass der Plastikmüll gar nicht erst in die Meere gelangt?

Einige Leute sind der Meinung, man sollte nur für die ärmsten und am meisten benachteiligten Menschen spenden.

Eine reiche Universität braucht nicht noch mehr Geld!
Doch! Wir nutzen das Geld, um Lösungen für große Probleme zu finden. Das kommt allen Menschen zugute – beispielsweise in Form von Impfungen.

Spenden für Stiftungen können aus den Gewinnen von Unternehmen stammen, die ihre Mitarbeiter ausbeuten.

Manche Menschen sind der Meinung, diese Unternehmen sollten ihre Spendengelder lieber in eine gerechtere Führung stecken, als sie anderweitig auszugeben.

Ich investiere in ein Modeunternehmen, das RIESIGE Dividenden ausschüttet. Das Geld könnte ich für die Krebsforschung spenden.
Aber was ist mit den Menschen, die die Kleidung herstellen? Wir müssen viel zu viel arbeiten und bekommen einen Hungerlohn.

Geld zu spenden, ist nicht „grundsätzlich gut" oder „grundsätzlich schlecht" und es gibt ganz unterschiedliche Möglichkeiten dafür. Informiere dich über verschiedene Spendenarten und -organisationen – so kannst du besser entscheiden, wo und wie dein Geld am besten hilft.

6. Kapitel: Regierungen und Geld

Nicht nur Banken, Unternehmen und Personen brauchen Geld, sondern auch Regierungen. Sie bekommen VIELE Steuergelder – oftmals Milliarden, wenn nicht sogar Billionen – und geben sie für **öffentliche Güter** wie Schulen, Straßen und Polizei aus.

Festzulegen, wie das Geld der **Steuerzahler** verwaltet werden soll, ist eine der wichtigsten Aufgaben von Regierungen. Selbst kleine Entscheidungen haben dabei erhebliche Folgen. Ob eine Regierung eine Bibliothek schließt oder einen Spielplatz baut, hat zwar keinen großen Einfluss auf die Gesamtsumme der Ausgaben, es kann aber einen enormen Einfluss auf den Alltag der Bürger haben.

So funktionieren Steuern

Fast jeder Bürger in jedem Land der Erde muss Steuern zahlen. Die meisten Regierungen ziehen diese Gelder nach einem gerechten System ein. Was „gerecht" aber bedeutet, dazu gibt es unterschiedliche Meinungen.

Steuerarten

Im Laufe der Menschheitsgeschichte haben Regierungen auf vielerlei Dinge Steuern erhoben. Vor rund 300 Jahren mussten in Russland beispielsweise Männer mit Bart Steuern zahlen. Heute gibt es keine großen Unterschiede mehr, was die Steuerarten in verschiedenen Ländern angeht. Hier findest du einige der wichtigsten, doch auch sie gelten nicht überall.

Die Steuer auf Geld, das Menschen verdienen, heißt **Einkommensteuer.**

Die Steuer auf Geld, das Unternehmen verdienen, heißt **Körperschaftsteuer.**

Arbeitnehmer und Arbeitgeber müssen **Sozialabgaben** bezahlen. Das Geld fließt in das Gesundheitswesen und die Rentenversicherung.

Wenn Menschen sterben und ihren Angehörigen etwas hinterlassen, fällt **Erbschaftsteuer** an.

Die Steuer auf Dinge, die gekauft werden, heißt **Umsatzsteuer** oder **Mehrwertsteuer (MwSt.).**

Die Steuer auf deinen Besitz und dein Geld ist die **Vermögensteuer.**

Die Steuer auf Waren aus dem Ausland nennt man **Zoll.**

Gerechte Steuern

Steuern werden oftmals als ein Prozentsatz des gesamten Wertes einer Sache, zum Beispiel deines Einkommens, berechnet. Dieser Prozentsatz ist der sogenannte **Steuersatz**, der für Gerechtigkeit im Steuersystem sorgen soll.

Regierungen legen oft höhere Steuersätze für Vielverdiener fest. Wenn die Steuerrate in Abhängigkeit vom Einkommen ansteigt, spricht man von **Steuerprogression**.

Steuersatz
Einkommen
Die Steuerprogression soll für eine gerechtere Gesellschaft sorgen, in der die Reichen mehr bezahlen und die Ärmeren davon profitieren.

Unterschiedlich hohe Steuern mögen ungerecht erscheinen. Stell dir jedoch vor, dass stattdessen jeder 10 000 Euro Steuern pro Jahr zahlen müsste …

Hmm, das ist ein ziemlich heftiger Steuersatz für mich – die Hälfte eines Jahresgehalts! Ich verdiene nämlich nur 20 000 Euro pro Jahr.

Für mich ist das super. Ich verdiene 200 000 Euro pro Jahr. 10 000 Euro sind also nur fünf Prozent meines Jahresgehalts.

Wenn Regierungen denselben Steuersatz für alle festlegen, wird das als **Steuerregression** bezeichnet, da die Steuerrate sinkt, je mehr jemand verdient.

Steuern als politisches Mittel

Regierungen können über Steuern das Konsumverhalten ihrer Bürger beeinflussen.

Durch höhere Steuern auf bestimmte Produkte oder Dienstleistungen werden diese teurer. Das hält die Menschen davon ab, solche Produkte oder Dienste zu nutzen.

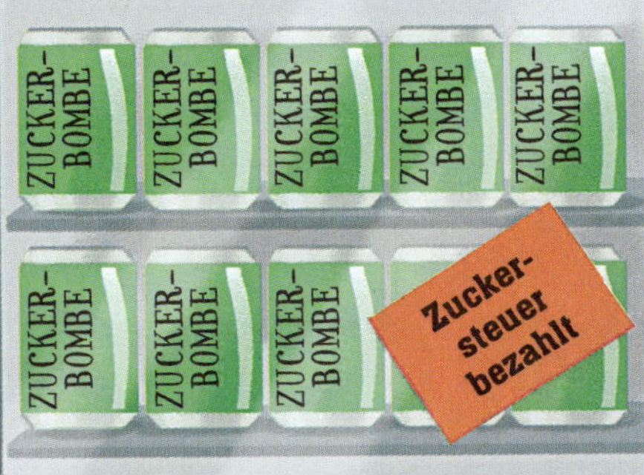
ZUCKER-BOMBE
Zuckersteuer bezahlt

Steuerfrei!
ÖKO-PAPIER
100% RECYCELT

Niedrigere Steuern auf bestimmte Dinge machen diese billiger, sodass die Menschen sie nutzen. Das ist eine sogenannte **Steuervergünstigung**.

Zölle halten Käufer oft davon ab, ausländische Waren zu kaufen. Der Handel mit inländischen Waren wird gefördert.

Zoll bezahlt
PER FLUGZEUG

Öffentliche Ausgaben

Regierungen bezahlen mit Steuergeldern Arbeitsplätze und Dienstleistungen, die viele Bürger für selbstverständlich halten. Würden sie das nicht tun, müssten wir diese Dinge selbst organisieren. Jede Regierung muss entscheiden, welche Ausgaben sie leisten und welche Dienste sie bereitstellen kann. Hier sind einige Beispiele:

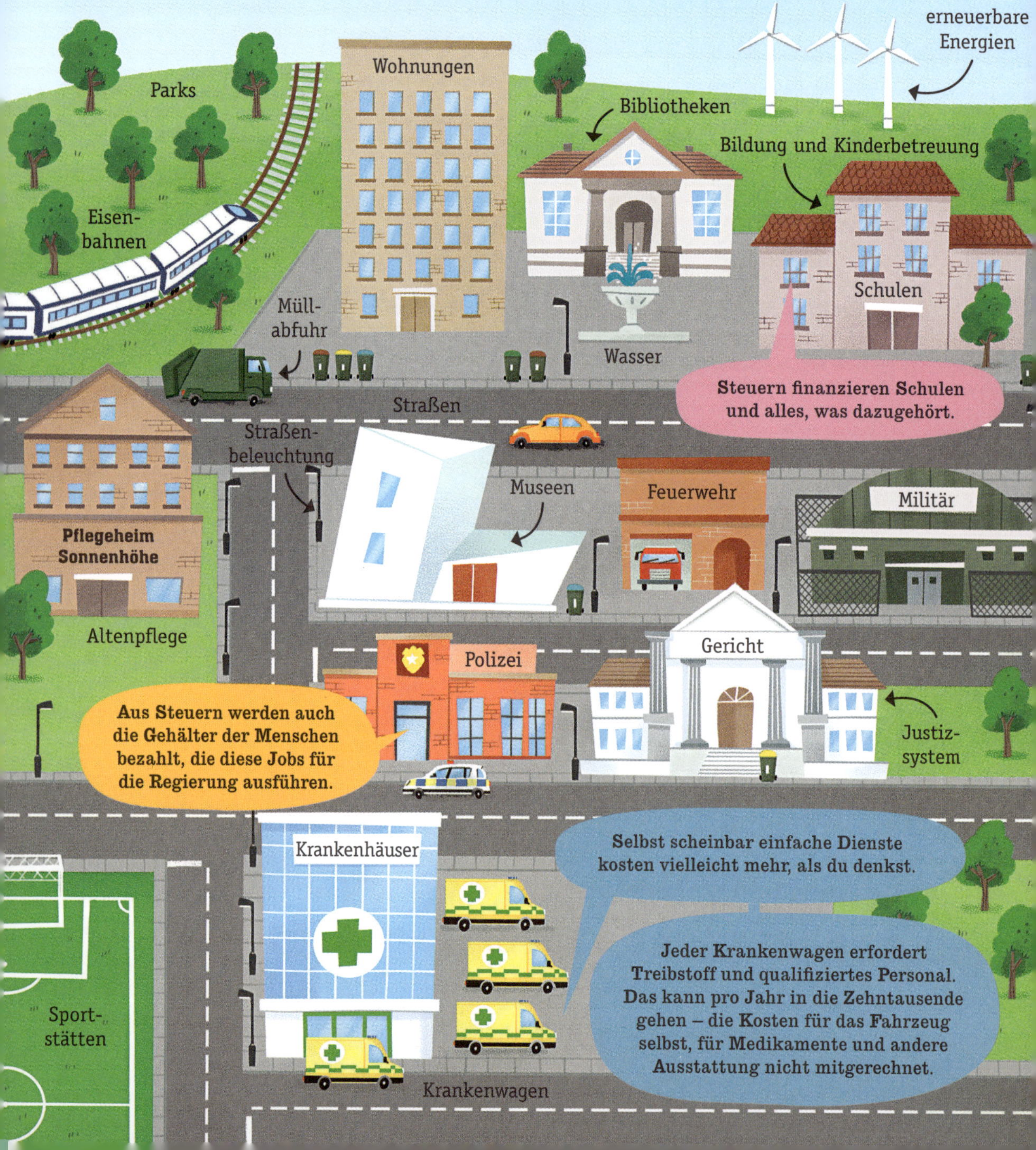

Mehr Geld bereitstellen

Wenn eine Regierung durch Steuern mehr Geld einnimmt, als sie ausgibt, erwirtschaftet sie einen **Überschuss**. Meist ist allerdings das Gegenteil der Fall: Sie gibt mehr Geld aus, als sie einnimmt, erwirtschaftet also ein **Defizit**.
In diesem Fall entscheiden Regierungen sich meist für eine der folgenden, nicht ganz risikofreien Möglichkeiten:

Geld leihen

Eine Regierung kann Geld von Banken oder anderen Geldgebern leihen. Die Gesamtsumme aller Schulden einer Regierung bezeichnet man als **Staatsverschuldung**.

Die meisten Regierungen verfügen über ein verlässliches Einkommen aus Steuergeldern, sodass Banken ihnen gern Geld leihen. Regierungen können so schnell finanzielle Mittel beschaffen – es profitieren also beide Seiten davon …

… auf lange Sicht ist es aber keine gute Idee. Banken verlangen Zinsen für das geliehene Geld, und das kann teuer werden. 2018 etwa gab die US-Regierung ungefähr 390 MILLIARDEN Dollar an Steuergeldern aus, nur um die fälligen Zinsen zurückzuzahlen.

Geld drucken

In manchen Ländern können Regierungen ganz einfach neues Geld drucken, wenn es ihnen ausgeht. Doch das ist gefährlich, da die Währung durch die höhere Geldmenge an Wert verliert (siehe Seite 18). Manche Regierungen tun es trotzdem, weil es einfacher ist als Steuererhöhungen einzuführen. Andere schaffen mehr Geld aus einem anderen, komplizierteren Grund (siehe Seite 101).

In den Euro-Ländern funktioniert das anders. Die **Europäische Zentralbank (EZB)** hat das alleinige Recht, die Ausgabe von Euro-Banknoten zu genehmigen. Die neuen Banknoten werden dann von der Nationalen Zentralbank der jeweiligen Länder ausgegeben oder alte Noten eingezogen. Für die Ausgabe und Prägung von Euro-Münzen ist aber jedes Land selbst verantwortlich.

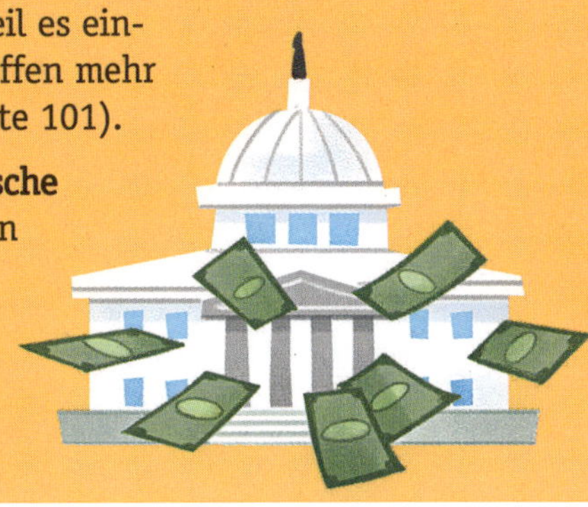

Ein *vorübergehendes Defizit* ist nicht immer etwas Schlechtes. Schließlich verlässt sich jeder auf die Dienste, die eine Regierung bereitstellt – von Straßen und Schulen bis hin zu Krankenhäusern und Notfalldiensten. Wenn eine Regierung einfach damit aufhören würde, Geld auszugeben, wäre das für die Bürger und die Wirtschaft von großem Nachteil.

Steuergespräche

Beim Thema Steuern sind die Menschen oft unterschiedlicher Meinung. Manche denken, die Regierung sollte die Steuern anheben und mehr öffentliche Gelder ausgeben. Andere fordern niedrigere Steuern und weniger Ausgaben.

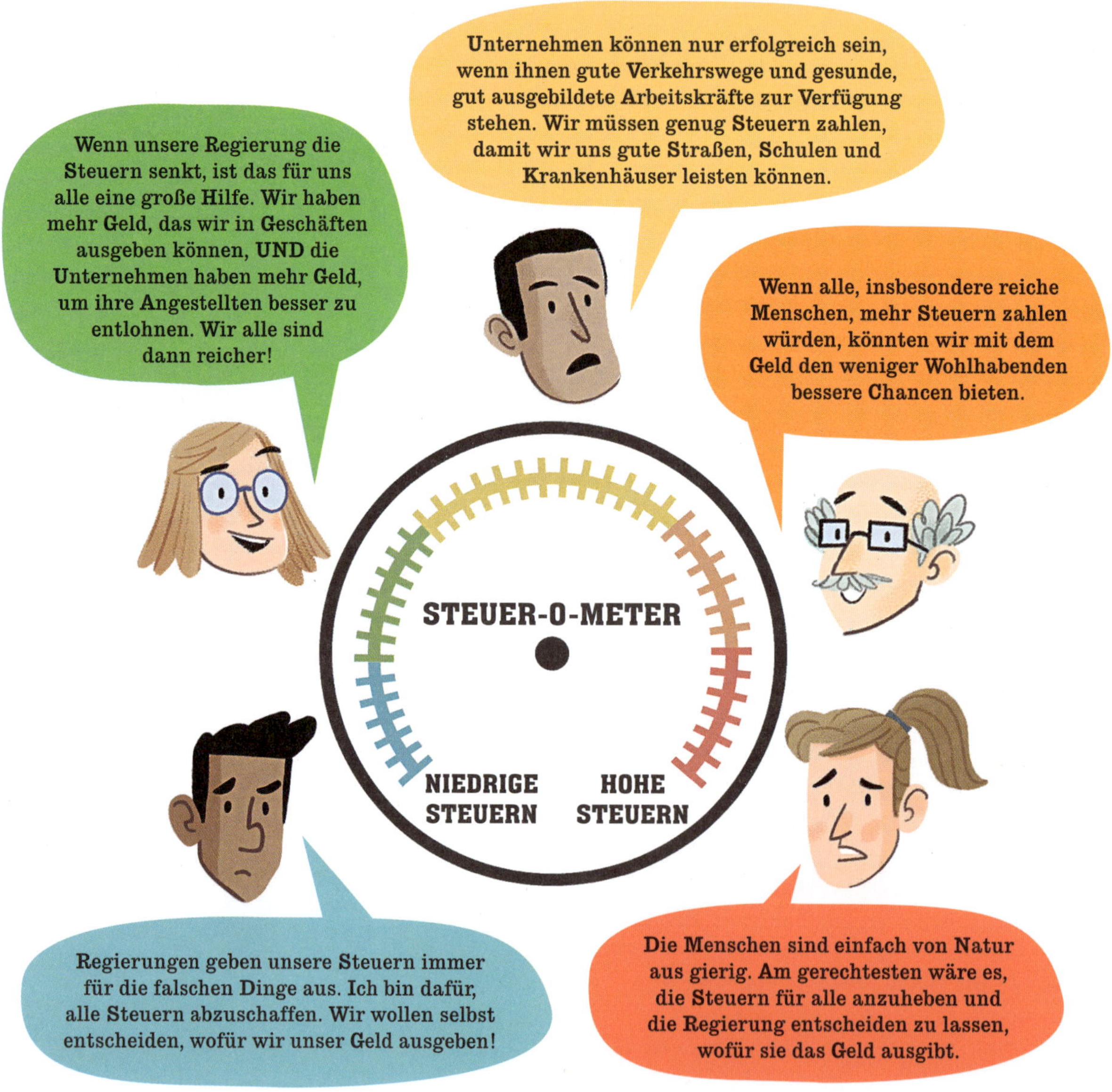
Unternehmen können nur erfolgreich sein, wenn ihnen gute Verkehrswege und gesunde, gut ausgebildete Arbeitskräfte zur Verfügung stehen. Wir müssen genug Steuern zahlen, damit wir uns gute Straßen, Schulen und Krankenhäuser leisten können.
Wenn unsere Regierung die Steuern senkt, ist das für uns alle eine große Hilfe. Wir haben mehr Geld, das wir in Geschäften ausgeben können, UND die Unternehmen haben mehr Geld, um ihre Angestellten besser zu entlohnen. Wir alle sind dann reicher!
Wenn alle, insbesondere reiche Menschen, mehr Steuern zahlen würden, könnten wir mit dem Geld den weniger Wohlhabenden bessere Chancen bieten.
STEUER-O-METER
NIEDRIGE STEUERN
HOHE STEUERN
Regierungen geben unsere Steuern immer für die falschen Dinge aus. Ich bin dafür, alle Steuern abzuschaffen. Wir wollen selbst entscheiden, wofür wir unser Geld ausgeben!
Die Menschen sind einfach von Natur aus gierig. Am gerechtesten wäre es, die Steuern für alle anzuheben und die Regierung entscheiden zu lassen, wofür sie das Geld ausgibt.

Vielen Menschen ist das Thema Steuern bzw. die Höhe ihrer Steuerzahlungen ein ausgesprochen wichtiges Anliegen. In Ländern, in denen sie ein Wahlrecht haben, entscheidet dieses Thema oft darüber, welche politische Partei sie unterstützen.

Sozialleistungen

Wenn eine Regierung ihren Bürgern Unterstützung anbietet, spricht man von **Sozialleistungen.** Fast alle politischen Parteien sind sich einig darüber, dass der Staat Geld dafür ausgeben muss. Die Frage ist nur, wie viel und für wen.

Ich habe Angst davor, dass ich einmal schwer krank werde und meinen Job aufgeben muss. Wovon kann ich dann leben?
Mach dir keine Sorgen! Unsere Regierung bietet Menschen, die zu krank zum Arbeiten sind oder aus anderen Gründen keinen Job finden, finanzielle Hilfe.
Warte mal, was für andere Gründe? Ich arbeite hart. Warum aber sollte ich das tun, wenn die Regierung anderen fürs Rumsitzen Geld gibt?
Wer sagt denn, dass jemand faul herumsitzt? Es gibt viele Gründe, warum Menschen nicht zur Arbeit gehen können. Vielleicht müssen sie für Familienangehörige sorgen oder sind zu alt zum Arbeiten.
Vielleicht. Aber wie weiß man, dass sie die Wahrheit sagen? Wieso sollte ich arbeiten, wenn ich auch lügen und fürs Nichtstun bezahlt werden könnte?
Du verdienst mehr Geld, wenn du arbeitest! Die Regierung schenkt dir das Geld auch nicht einfach so. Sie prüft deinen Fall genau. Wer das System betrügt, kommt ins Gefängnis.
Die Regierung muss also Leute dafür bezahlen, Betrügereien aufzudecken? Dann werden ja noch mehr Steuergelder aus dem Fenster geworfen.
Vielleist hast du recht. Aber wie wäre es, wenn JEDER von der Regierung eine bestimmte Summe für Essen und Wohnung bekäme?

Einige kommunale Regierungen in Kanada und Finnland haben versuchsweise ein sogenanntes **Grundeinkommen** eingeführt. Dabei zogen die Regierungen weiterhin Steuergelder ein, allerdings nur von reichen Menschen. Gleichzeitig zahlten sie allen Bürgern, unabhängig vom Einkommen, eine finanzielle Zuwendung zur Deckung der grundlegenden Lebenshaltungskosten. Das Grundeinkommen ist ein Versuch, das Sozialwesen gerechter zu machen: Alle bekommen die gleiche Summe, aber Steuern zahlt nur, wer es sich leisten kann. Bisher konnten die Experimente noch nicht zeigen, ob sich dieses System für ein ganzes Land eignet.

Den Überblick behalten

Die meisten Regierungen kontrollieren, wie viele Steuern sie einziehen und wie viel Geld sie ausgeben – aber sie kontrollieren nicht, was die Bürger mit ihrem Geld machen. Wofür die Menschen ihr Geld ausgeben, hat einen großen Einfluss darauf, woher das Geld eines Landes kommt und wohin es fließt. Jede Regierung überwacht diesen Kreislauf der **Wirtschaft,** damit die Bedingungen im Land möglichst stabil bleiben.

Die Wirtschaft eines Landes kann mit dem **Bruttoinlandsprodukt** oder **BIP** gemessen werden. Das ist der Wert aller Sachgüter und Dienstleistungen in einem Land innerhalb eines Jahres.

Es gibt viele verschiedene Waren und Dienstleistungen, die alle in das BIP eingerechnet werden …

Das BIP kann jedoch irreführend sein. Hat ein Land viele Einwohner, produzieren diese viele Waren und Dienstleistungen. Deshalb hat ein großes Land oft ein höheres BIP als ein kleines, auch wenn das kleine Land im Verhältnis zu seiner Größe mehr Geld verdient.

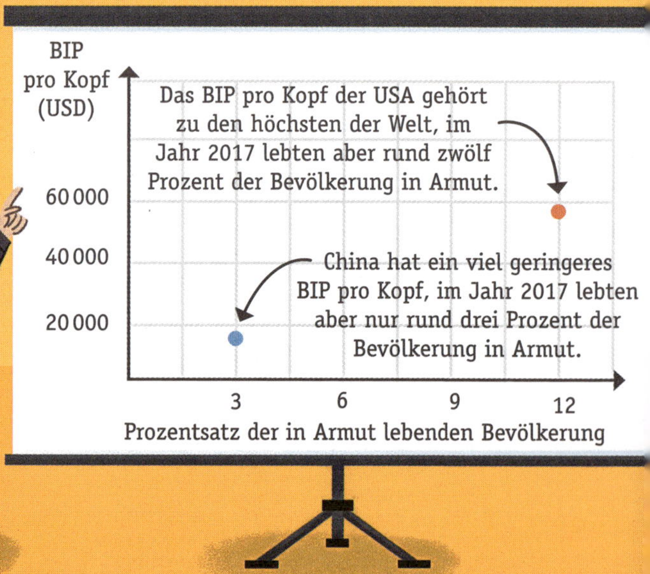

Preise und Gehälter

Um einen Überblick über die Entwicklung der Wirtschaft zu haben, verfolgen Regierungen, was die Dinge kosten und wie viel die Bürger verdienen.

Es ist unmöglich, die Preise aller Waren zu überwachen, deshalb nutzen Regierungen einen imaginären Warenkorb. Meist steigen die Preise mit der Zeit, und wenn das passiert, spricht man von **Inflation**. Das bedeutet, die Kaufkraft des Geldes verringert sich.

Die Regierungen überwachen auch, wie viele Menschen eine Arbeit haben (die Beschäftigten) und wie viele nicht (die Beschäftigungslosen). Außerdem beobachten sie die Entwicklung der Gehälter.

Steigen Gehälter und Preise gleich schnell ...

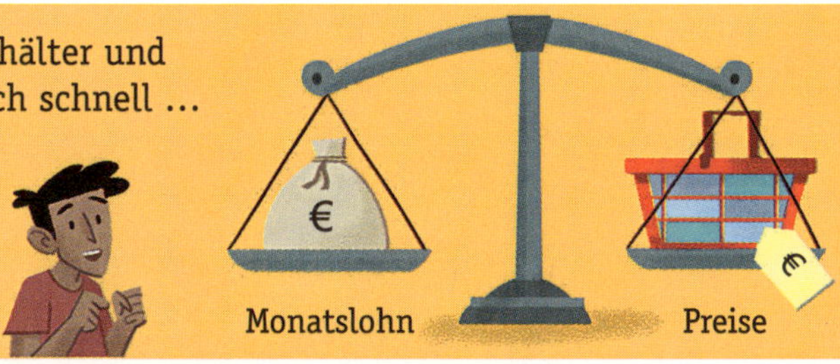

... bemerkt niemand viel davon und alle können sich weiterhin die erforderlichen Dinge leisten.

Steigen die Gehälter jedoch nicht so schnell wie die Preise ...

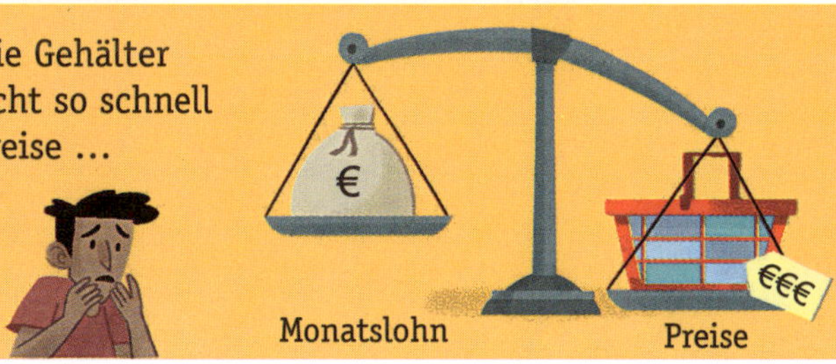

... sind die Menschen schlechter dran und können sich nicht mehr so viele Dinge leisten.

Die Steuerung der Wirtschaft ist keine strenge Wissenschaft. Wirtschaftswissenschaftler streiten oft über die beste Methode. In den folgenden drei Punkten sind sich die meisten aber einig:

Geld ausgeben ist gut!
Je mehr die Käufer ausgeben, umso mehr Geld verdienen die Unternehmen und umso bessere Gehälter können sie ihren Angestellten bezahlen.

Beschäftigung ist gut!
Menschen mit einer Arbeit verdienen mehr Geld, um es auszugeben und Steuern zu zahlen. Außerdem sind sie in der Regel zufriedener.

Inflation ist in der Regel gut, aber sie darf nicht zu hoch sein und nicht zu schnell steigen.

Inflation ist wichtig

Preise können aus vielen Gründen steigen oder fallen. Steigen sie nur in einem Geschäft, liegt das nicht unbedingt an einer Inflation und betrifft wohl auch nicht viele Käufer. Bei einer Inflation erhöhen sich die Preise in fast allen Geschäften an fast allen Orten. Alle Bürger sind betroffen, insbesondere wenn die Inflation außer Kontrolle gerät.

Steigt die Inflation zu schnell, reichen die Gehälter nicht mehr aus und das Geld verliert an Wert.

Wir geben normalerweise 80 Euro pro Woche für Lebensmittel aus.
Jetzt sind die Preise explodiert und ich bekomme für die gleiche Summe viel weniger.
Gemüse
Müsli
Nudeln
Milch
Obst
Süßigkeiten

Die Menschen können sich jetzt viele Dinge nicht mehr leisten und müssen Alternativen finden.

Letzte Woche konnte ich für 50 Euro einmal volltanken, aber jetzt reicht es nur für einen halben Tank. Demnächst muss ich mit dem Bus fahren. Das ist billiger.

Eine hohe Inflation ist problematisch, eine gewisse Inflation jedoch meist gewünscht, da das Gegenteil verheerend sein kann. Wenn die Preise fallen, spricht man von **Deflation**, und diese hat gravierende Folgen.

BISHER 200 €
JETZT 100 €
60 € 45 €
Warum willst du das Fahrrad jetzt kaufen? Warte noch ein bisschen, dann ist es noch billiger und du sparst Geld.

Bei einer Deflation geben die Menschen weniger Geld aus. Die Unternehmen machen Verluste, die Menschen verlieren ihre Jobs – und das bedeutet wiederum, dass alle noch weniger Geld ausgeben.

Regierungen und Zentralbanken

Regierungen können die Wirtschaft ihrer jeweiligen Länder nicht allein regeln. Dazu brauchen sie Hilfe, meist von einer sogenannten **Zentralbank.** Sie unterstützt die Geschäftsbanken und hat Einfluss darauf, wie viel die Menschen ausgeben.

Die Zentralbank ist in vielerlei Hinsicht eine Bank für Geschäftsbanken.

Alle Geschäftsbanken haben ein Konto bei der Zentralbank. Das Geld auf diesem Konto ist die sogenannte **Mindestreserve.** Die Zentralbank verleiht Geld an die Geschäftsbanken und verlangt dafür Zinsen, den sogenannten **Leitzins.**

Geschäftsbanken sind von den Krediten der Zentralbank abhängig. Diese Kredite schützen Geschäftsbanken vor vielen Risiken, beispielsweise wenn ihre Investitionen fehlschlagen oder ihre Kunden Kredite nicht zurückzahlen.

Die Zentralbank geht nicht viele Risiken ein. Daher ist sie stets in der Lage, Geld an Geschäftsbanken zu verleihen, wenn diese in Schwierigkeiten geraten. Dank dieses Sicherheitsnetzes vertrauen die meisten Bürger dem Bankensystem.

Die Veränderung des Leitzinses verschafft uns Einfluss. Geschäftsbanken nutzen den Zinssatz, um die Zinsen für ihre Kreditkunden festzulegen.
ZENTRAL-BANK
ZENTRAL-BANK
Und das wiederum hat Auswirkungen auf alle Bürger. Wenn es viel kostet, Geld zu leihen, geben die Menschen weniger aus. Wenn es nicht viel kostet, geben sie mehr aus. Mehr dazu gibt's auf der nächsten Seite.

Die Zentralbank eines Landes ist oftmals von der Regierung **unabhängig.** Beide Institutionen tauschen sich jedoch über ihre Pläne aus und arbeiten eng zusammen. Zu ihren wichtigsten Aufgaben gehört die Steuerung einer gleichmäßigen und stabilen Inflation. Blättere um und finde heraus, wie das funktioniert.

Die Steuerung der Inflation

Es ist schwierig, die Inflation zu steuern, weil die Unternehmen in den meisten Ländern ihre Preise selbst festlegen. Dennoch können Regierungen und Zentralbanken ihren Einfluss mit verschiedenen Methoden geltend machen.

Zu hohe Inflation

Die Zentralbank kann den Leitzins **erhöhen.** Der Leitzins ist der Zinssatz, zu dem sie Kredite an Geschäftsbanken vergibt.

Jetzt ist es für Geschäftsbanken teurer, Geld von der Zentralbank zu leihen.

Wahrscheinlich erhöhen die Geschäftsbanken ihre eigenen Zinssätze, um die zusätzlichen Kosten zu decken.

Für Kunden ist es jetzt ebenfalls teurer, Geld von Geschäftsbanken zu leihen.

GRÜNBAUM-BANK
Wir helfen gern!
Wenn Sie einen Kredit aufnehmen, müssen Sie sehr hohe Zinsen bezahlen. Warum sparen Sie das Geld nicht lieber?

Die Menschen sparen ihr Geld, anstatt es auszugeben …

GEÖFFNET
B*Ballz
Vielleicht lasse ich es heute lieber …

… was schlecht für die Unternehmen ist.

Niemand kauft etwas. Vielleicht sollten wir die Preise senken?

Die Unternehmen reagieren, indem sie ihre Preise einfrieren oder sogar senken.

Inflation **sinkt.**

Zu niedrige Inflation

Die Zentralbank kann den Leitzins **senken.**

Geschäftsbanken senken ihre Zinssätze, um Kunden anzulocken.

Käufer und Unternehmen haben mehr Geld zum Ausgeben.

Die Unternehmen erhöhen ihre Preise, um mehr Gewinn zu machen.

Inflation **steigt.**

Manchmal ist die Inflation so niedrig, dass auch eine Veränderung des Leitzinses nichts hilft.

Live
GELDRUNDE
DIE GROßE FRAGE
Die Inflationsrate ist auf einem historischen Tiefpunkt. Was können wir tun? Den Leitzins senken?
Wir können den Leitzins nicht noch weiter senken, er ist praktisch schon bei null …

In diesem Fall kann die Zentralbank eingreifen und neues Geld schaffen. Diese Maßnahme wird als **quantitative Lockerung** bezeichnet.

Quantitative Lockerung bedeutet nicht einfach, mehr Geld zu drucken. Es ist etwas komplizierter …

Zunächst kauft die Zentralbank Anleihen von den Geschäftsbanken.

Dadurch haben die Geschäftsbanken mehr Geld.

Der Leitzins ist so niedrig, dass die Geschäftsbanken keine Zinsen verdienen, wenn sie dieses neue Geld behalten.

Sie investieren das Geld und verleihen es zu günstigen Zinsen.

Die Menschen haben mehr Geld zum Ausgeben.

Der Wirtschaft geht es gut, Unternehmen können die Preise erhöhen.

Inflation **steigt.**

Die Steuerung der Wirtschaft

Es gibt nicht den einen Weg, um die Wirtschaft eines Landes zu regeln. Manche Menschen wünschen sich mehr Steuerungsmöglichkeiten seitens der Regierung, sodass sie entscheiden kann, was mit dem Geld der Bürger geschieht. Andere wiederum denken, die Regierung sollte sich aus der Wirtschaft heraushalten und gar nicht eingreifen.

Totale Kontrolle

Würde eine Regierung die Wirtschaft vollständig kontrollieren, bräuchten wir Geld in seiner heutigen Form überhaupt nicht mehr.

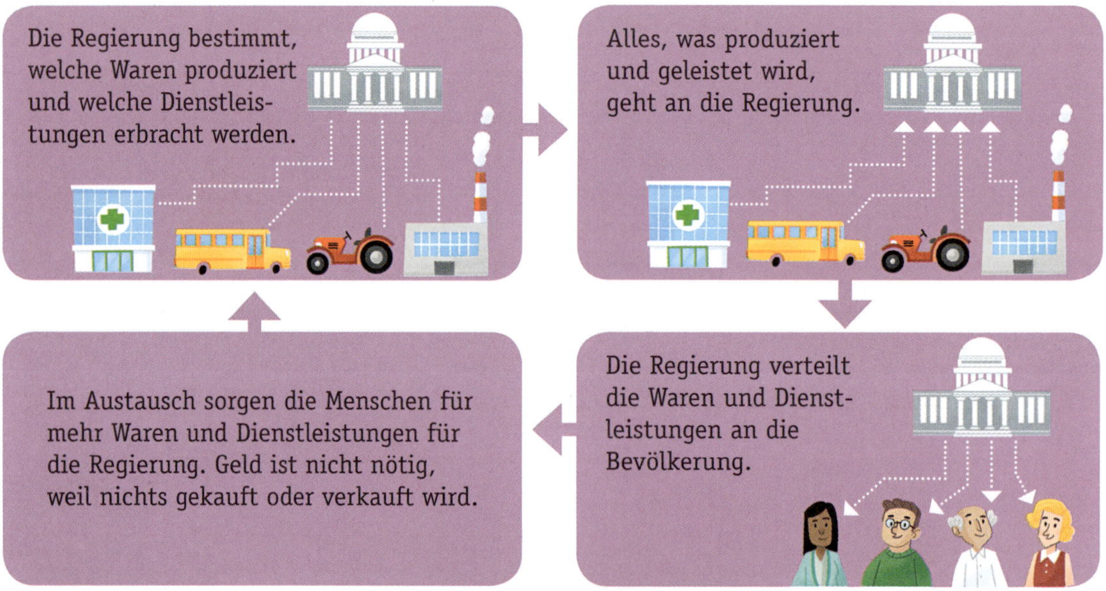

Die Regierung bestimmt, welche Waren produziert und welche Dienstleistungen erbracht werden.
Alles, was produziert und geleistet wird, geht an die Regierung.
Die Regierung verteilt die Waren und Dienstleistungen an die Bevölkerung.
Im Austausch sorgen die Menschen für mehr Waren und Dienstleistungen für die Regierung. Geld ist nicht nötig, weil nichts gekauft oder verkauft wird.

Das hört sich fantastisch an! Warum machen das nicht alle so?
Russland und einige andere Länder *haben* ein sehr ähnliches System ausprobiert, aber es hat nicht funktioniert.
Es ist ziemlich unmöglich, dass eine Regierung die totale Kontrolle darüber hat, was Millionen von Menschen herstellen und tun.
In kleinen Gruppen ist es jedoch nach wie vor sehr effektiv, zusammenzuarbeiten und Dinge zu teilen – genauso wie in einer Familie!

Wie viel Kontrolle?

Tatsächlich hat bisher noch keine Regierung Geld abgeschafft oder die totale Kontrolle über Unternehmen und Handel des eigenen Landes übernommen. Und genauso hat noch keine Regierung die Wirtschaft ihres Landes völlig sich selbst überlassen. Es gibt verschiedene Stufen des Eingreifens. Was findest du am besten?

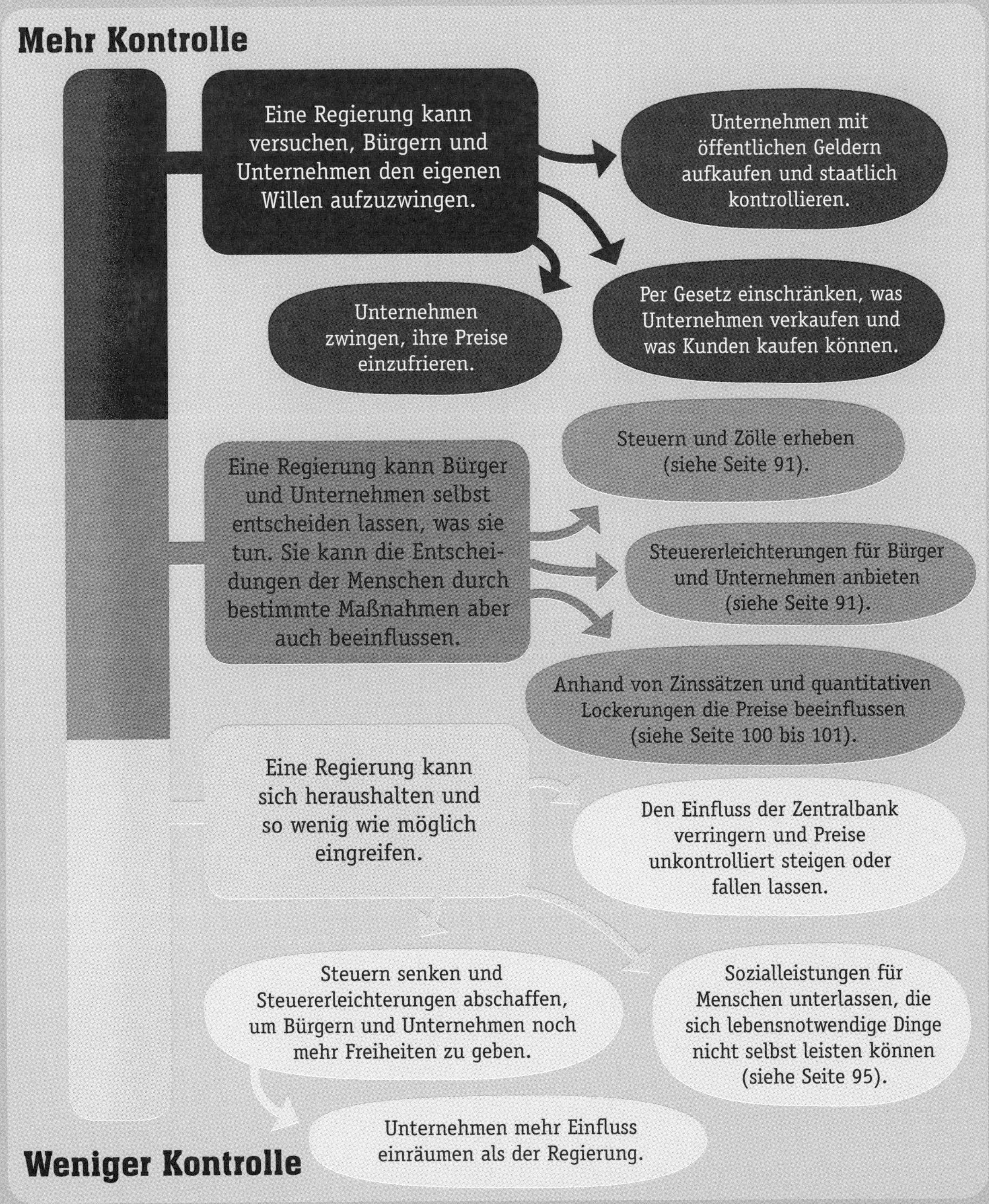

Mehr Kontrolle
Eine Regierung kann versuchen, Bürgern und Unternehmen den eigenen Willen aufzuzwingen.
Unternehmen mit öffentlichen Geldern aufkaufen und staatlich kontrollieren.
Unternehmen zwingen, ihre Preise einzufrieren.
Per Gesetz einschränken, was Unternehmen verkaufen und was Kunden kaufen können.
Eine Regierung kann Bürger und Unternehmen selbst entscheiden lassen, was sie tun. Sie kann die Entscheidungen der Menschen durch bestimmte Maßnahmen aber auch beeinflussen.
Steuern und Zölle erheben (siehe Seite 91).
Steuererleichterungen für Bürger und Unternehmen anbieten (siehe Seite 91).
Anhand von Zinssätzen und quantitativen Lockerungen die Preise beeinflussen (siehe Seite 100 bis 101).
Eine Regierung kann sich heraushalten und so wenig wie möglich eingreifen.
Den Einfluss der Zentralbank verringern und Preise unkontrolliert steigen oder fallen lassen.
Steuern senken und Steuererleichterungen abschaffen, um Bürgern und Unternehmen noch mehr Freiheiten zu geben.
Sozialleistungen für Menschen unterlassen, die sich lebensnotwendige Dinge nicht selbst leisten können (siehe Seite 95).
Unternehmen mehr Einfluss einräumen als der Regierung.
Weniger Kontrolle

7. Kapitel: Große Fragen

Wer den Pfennig nicht ehrt, ist des Talers nicht wert.
Geld regiert die Welt.
Geld stinkt nicht!

Unzähligen Geschichten, Liedern und sogar religiösen Glaubensvorstellungen zufolge kann Geld die Quelle unendlicher Trübseligkeit sein, aber auch der goldene Pfad zum Glück. Liegt das tatsächlich am Geld selbst oder eher daran, wie die Menschen sich verhalten, wenn sie zu viel oder zu wenig davon haben?

Niemand kennt die Antwort auf diese Frage. In diesem Kapitel kannst du jedoch nachlesen, wie Menschen versucht haben, die Probleme rund um Geld, Glück und Gerechtigkeit zu lösen. Stell dir zunächst einmal vor, wie die Welt ganz ohne Geld aussähe …

Brauchen wir immer noch Bargeld?

Immer mehr Menschen bezahlen nicht mehr mit Bargeld. Sie nutzen stattdessen ihr Smartphone oder ihre Bankkarte. Wenn die Entwicklung so weitergeht, werden Länder wie beispielsweise Schweden in wenigen Jahren bargeldlos sein. Brauchen wir also überhaupt noch Bargeld?

Mit E-Geld bezahlen …

✓ … geht oft **schneller**, da niemand Münzen oder Wechselgeld abzählen muss.

✓ … ist **günstiger**, da die Herstellung und Verteilung von Papiergeld teuer ist.

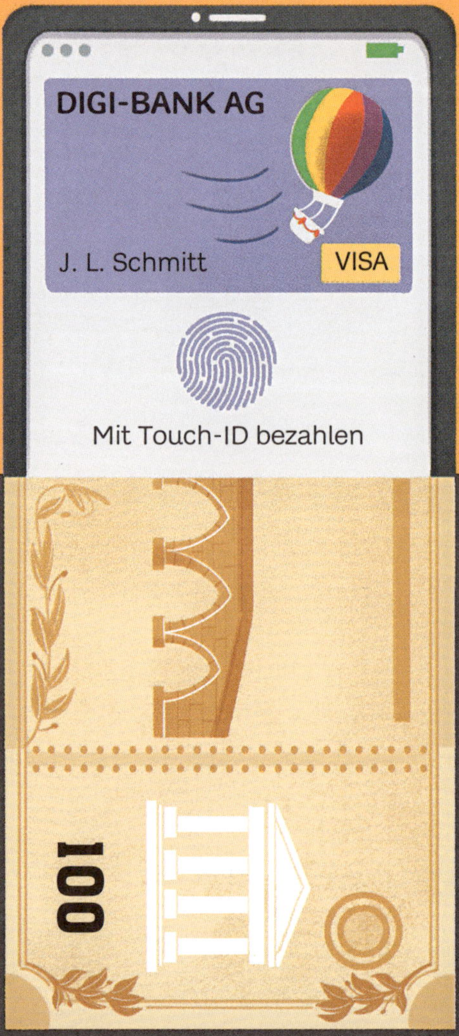

✗ … macht dein Geld **angreifbar**, da Hacker leichter darauf zugreifen können.

✗ … erfordert Strom, ein oftmals **teures** Gerät und einen Internetanschluss.

Bargeld …

✓ … ist **greifbar** und **einfach** in der Handhabung. Bankkonto, Smartphone oder Internet sind nicht erforderlich.

✓ … funktioniert auch in **Notfällen** wie Überschwemmungen, da weder Strom noch Internetanschluss benötigt werden.

✗ … macht Menschen und Geschäfte **angreifbar**, da sie bestohlen werden können.

… schützt die **Privatsphäre**. Du kannst Bargeld ausgeben, ohne eine digitale Spur zu hinterlassen.

Andererseits können auch Kriminelle, die Bargeld verwenden, schwer von der Polizei aufgespürt werden.

Der wesentliche Vorteil von Bargeld besteht darin, dass alle es verwenden können, ohne dass eine Adresse, ein Bankkonto oder ein Smartphone erforderlich sind. Ohne Bargeld hätten rund 1,7 Milliarden Menschen auf der Welt keinen Zugriff auf Geld.

Brauchen wir überhaupt Geld?

Manche Menschen sind der Meinung, dass Geld die Welt weniger gerecht macht – wenn etwa reiche Leute nicht arbeiten müssen, weil sie viel geerbt haben. Könnte eine der folgenden Alternativen eventuell ein Ersatz für unser Geld sein?

Ich möchte Gitarre spielen lernen, aber ich habe kein Geld. Ich könnte …
… mir Online-Werbung anschauen, um zu einer kostenlosen Video-Anleitung zu gelangen.
DAS NEUE WUFFI-CRUNCH
Werbung überspringen
Gitarre für Anfänger 101
… leihen statt kaufen.
Lerne Gitarre spielen
Erinnerung: In drei Wochen zurück zur Bib!
… mit meiner Zeit bezahlen.
Zeigst du mir, wie man Gitarre spielt, wenn ich dir Skateboarden beibringe?
Abgemacht!
Klappt doch prima so. Wer braucht da noch Geld?

Jetzt stell dir vor, du könntest für alles mit Zeit bezahlen …

David, ich schulde dir zehn Stunden dafür, dass du mir deinen Fernseher leihst.
Ich schulde dir vier Stunden für den Schrank, also schuldest du mir nur sechs Stunden.
Ich schulde dir sechs Stunden fürs Schreinern des Tisches.
Gib David diese sechs Stunden, dann habe ich meine Schulden bei ihm abbezahlt.

Niemand bezahlt hier tatsächlich mit seiner Zeit. Sie tauschen lediglich Zeiteinheiten, ähnlich wie man es beim Bezahlen mit Geld macht. Liegt unser Problem vielleicht nicht beim Geld selbst, sondern in der Art und Weise, wie wir es verwenden? Oder haben wir einfach noch nicht die richtige Alternative gefunden?

Was ist mit Kryptowährungen?

Eine Kryptowährung ist eine digitale Währung. Sie wird durch **Kryptografie**, das heißt durch Entschlüsselung von Codes, geschaffen, getauscht und aufbewahrt. Die erste bekannte Kryptowährung, den **Bitcoin**, gibt es seit 2009. Seitdem wurden viele weitere Währungen kreiert.

Im Februar 2011 war eine virtuelle Bitcoin-„Münze“ (oder 1 BTC) einen US-Dollar wert. Im Dezember 2017 war ihr Wert auf 19 783 US-Dollar angestiegen.

Hier sind zwei Hauptgründe, warum die Währung so im Wert stieg.

Keine Kontrolle

Die meisten Währungen werden von Regierungen und Banken geschaffen und überwacht. Kryptowährungen hingegen werden nur von den Menschen geschaffen und getauscht, die sie verwenden (mehr dazu auf der nächsten Seite). Niemand sonst hat seine Finger im Spiel.

Nicht jeder vertraut Banken und Regierungen, insbesondere nach der Finanzkrise im Jahr 2008. Viele Nutzer sind begeistert von der Idee einer Währung, die ohne Kontrolle von oben auskommt.

Keine Geheimnisse

Sämtliche Bitcoins, die je geschaffen wurden, und jede Bitcoin-Transaktion sind auf der sogenannten **Blockchain** verzeichnet. Jeder Eintrag erhält einen codierten, unveränderbaren „Fingerabdruck“.

Dadurch lassen sich Kryptowährungen schwer stehlen oder fälschen. Sind auf einer Blockchain keine Transaktionen gespeichert, weißt du, dass sie eine Fälschung ist.

Das System zum Schutz von Bitcoins ist ausgesprochen sicher. Hackern ist es zwar gelungen, Bitcoins zu stehlen, aber es ist sehr schwierig und kostet meist mehr, als es wert ist.

Auf und ab

Zwölf Monate, nachdem ein Bitcoin 19 783 US-Dollar wert war, ist der Wert auf 3183 US-Dollar gefallen. Der Wert von Kryptowährungen geht regelmäßig und oftmals drastisch hoch und runter. Neben dieser Instabilität hat die Währung noch andere Nachteile.

Schwer zu bekommen und auszugeben

Es gibt zwei Möglichkeiten, um an Bitcoins zu kommen. Du kaufst sie jemandem ab, was ziemlich teuer werden kann, oder du schaffst deine eigenen Einheiten, indem du einen Code entschlüsselst …

Bevor eine Bitcoin-Transaktion zur Blockchain hinzugefügt werden kann, muss jemand einen Code knacken. Dieser Vorgang wird als Bitcoin-**Mining** oder -**Schürfen** bezeichnet.

Die Codes sind so kompliziert, dass die Miner oder Schürfer teure und superleistungsfähige Computer-Hardware benötigen.

Wer den Code zuerst entschlüsselt, wird mit neuen Bitcoin-Einheiten belohnt. In der Blockchain werden diese Coins gespeichert.

Wenn du Bitcoins hast, kannst du sie trotzdem nicht überall ausgeben. Nur sehr wenige Personen oder Unternehmen akzeptieren sie als Zahlungsmittel. Du kannst sie auch nicht gegen eine andere Währung eintauschen.

Schlecht für die Umwelt

Im November 2017 wurde bekannt, dass die Hardware zum Bitcoin-Mining in diesem Monat weltweit mehr Energie verbraucht hat als die gesamte Republik Irland im selben Zeitraum.

Der Strom wurde durch die Verbrennung fossiler Brennstoffe erzeugt.

Einige Menschen behaupten, dass nicht die Kryptowährungen, sondern die Energiequellen das Problem sind. Wenn es sauberere Formen von Energie gäbe, würden die Miner nicht so viele Schadstoffe produzieren.

Macht Geld glücklich?

Psychologen und Wirtschaftswissenschaftler untersuchen gemeinsam, ob es einen Zusammenhang zwischen Geld und Glück gibt. Einer Theorie zufolge hängt es von der Art des Glücklichseins ab. Stell dir die folgenden Glücksarten als zwei Berggipfel vor.

Alltägliches Glück
gemessen an den Gefühlen, die Menschen jeden Tag empfinden
Sobald du genug verdienst, um deine Grundbedürfnisse erfüllen zu können, macht mehr Geld dich nicht glücklicher.
Gesundheit und Freundschaften haben einen größeren Einfluss auf dein alltägliches Glück als Geld.
Wenn du arm bist, ist es sowohl in praktischer als auch in gefühlsmäßiger Hinsicht schwieriger, mit Herausforderungen wie Scheidung, Krankheit und Einsamkeit fertigzuwerden.
Zufriedenheit im Leben
gemessen an Aussagen von Menschen, wie zufrieden sie mit ihrem Leben sind
Je mehr Geld Menschen verdienen, umso eher sagen sie, dass sie zufrieden sind.
Geld und Bildung scheinen einen größeren Einfluss auf die Zufriedenheit im Leben zu haben als Gesundheit und Freundschaften.
Ich weiß nicht, was ich glauben soll. Muss ich jetzt versuchen, mehr Geld zu verdienen?
Geld ist auf beiden Seiten keine Garantie fürs Glücklichsein. Manche Menschen haben nichts und sind total glücklich, während andere reich und unglücklich sind.
Lass uns einfach den Ausblick genießen!

Dies sind die Ergebnisse einer Umfrage unter 1000 Personen in den USA.

Sind reiche Länder glücklicher?

Reicher zu sein, scheint oft auch glücklicher zu machen. Aber genügt es, in einem Land zu leben, in dem die meisten Menschen reich sind? Diese Grafik stellt den Reichtum von Ländern und die Zufriedenheit ihrer Bevölkerung gegenüber.

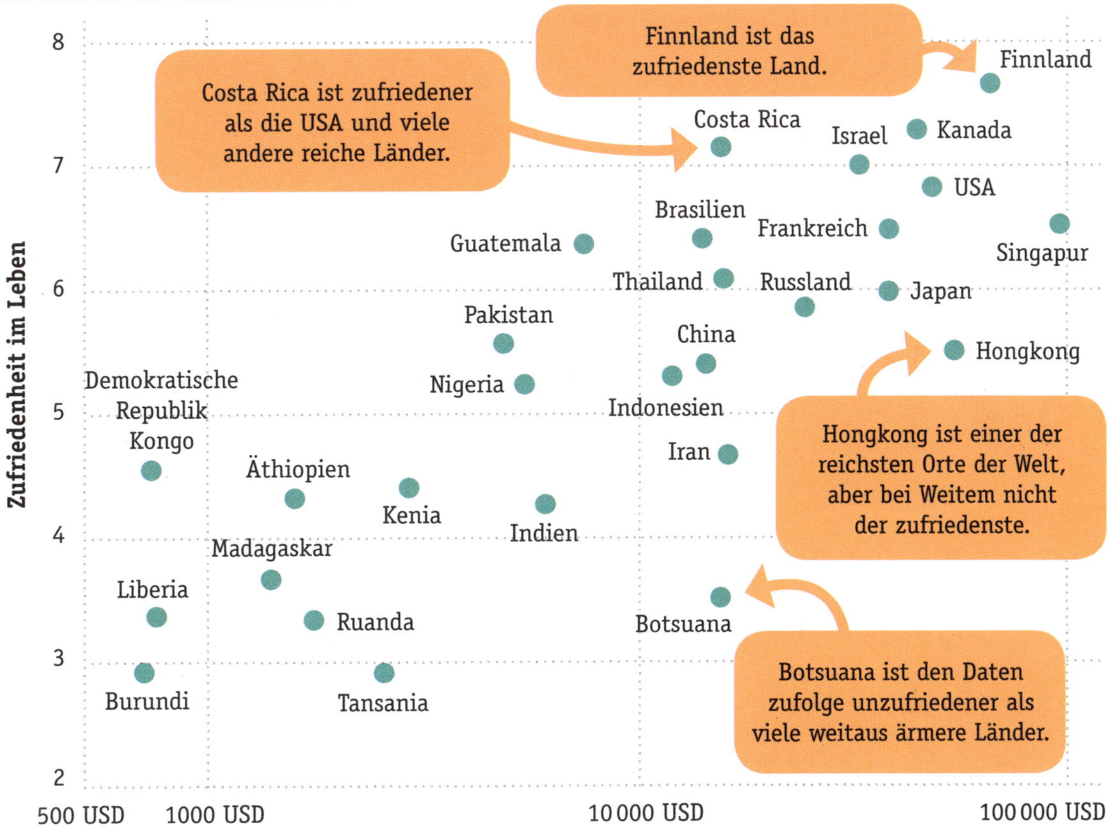

Finnland ist das zufriedenste Land.
Costa Rica ist zufriedener als die USA und viele andere reiche Länder.
Hongkong ist einer der reichsten Orte der Welt, aber bei Weitem nicht der zufriedenste.
Botsuana ist den Daten zufolge unzufriedener als viele weitaus ärmere Länder.
Zufriedenheit im Leben
8
7
6
5
4
3
2
Finnland
Costa Rica
Israel
Kanada
USA
Brasilien
Frankreich
Guatemala
Singapur
Thailand
Russland
Japan
Pakistan
China
Hongkong
Demokratische Republik Kongo
Nigeria
Indonesien
Iran
Äthiopien
Kenia
Indien
Madagaskar
Liberia
Ruanda
Botsuana
Burundi
Tansania
500 USD
1000 USD
10 000 USD
100 000 USD

Quelle: Daten der Weltbank 2018

BIP pro Kopf in USD (Reichtum eines Landes geteilt durch die Anzahl seiner Bewohner)

Diese Grafik liefert nur einen stark vereinfachten Überblick über das Verhältnis von Reichtum und Zufriedenheit in einem Land. Es wird jedoch deutlich, dass die Menschen in reichen Ländern zwar meistens zufriedener sind, dies aber nicht immer der Fall sein muss. Geld ist also nicht der einzige Grund fürs Glücklichsein …

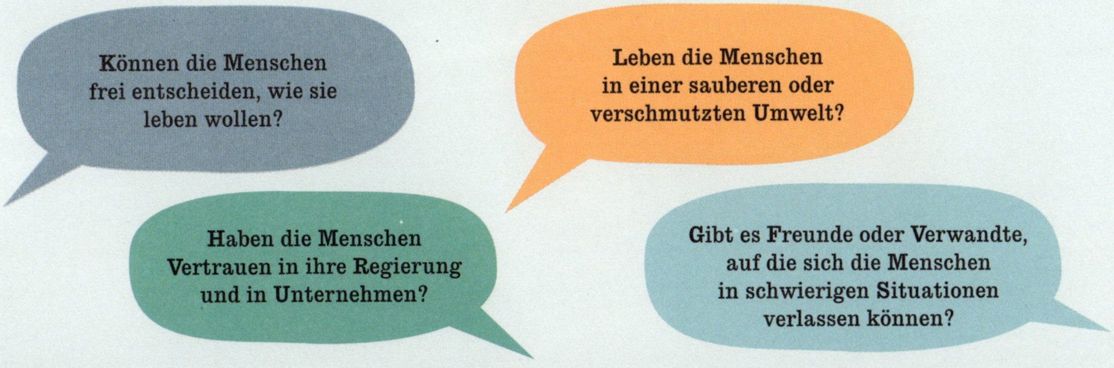

Können die Menschen frei entscheiden, wie sie leben wollen?
Leben die Menschen in einer sauberen oder verschmutzten Umwelt?
Haben die Menschen Vertrauen in ihre Regierung und in Unternehmen?
Gibt es Freunde oder Verwandte, auf die sich die Menschen in schwierigen Situationen verlassen können?

Ist Ungleichheit schlecht?

Verschiedenartigkeit gibt es überall. Manchmal macht das keinen Unterschied – wenn etwa einige Menschen mit den Ohren wackeln können und andere nicht. Wenn aber manche Menschen mehr Geld haben als andere, kann das ungerecht erscheinen. Sollten wir nicht alle gleich sein, wenn es ums Geld geht?

Stell dir einmal vor, die Schüler einer Schule bekämen aus einem großen Topf Geld. Nach diesen drei Methoden könnte es verteilt werden.

1. Alle erhalten den gleichen Betrag, egal wie gut ihre Noten sind.

Absolut gerecht! Jeder sollte für seine Arbeit belohnt werden. Das Ergebnis spielt keine Rolle.
Das klingt vielleicht gerecht, ist aber eine dumme Idee …
… denn wenn ich genauso viel bekomme wie alle anderen, arbeite ich beim nächsten Mal nicht so hart.
10 EUR
10 EUR
10 EUR

2. Nur die Schüler mit den besten Noten bekommen Geld, damit sich alle anstrengen.

Das ist nicht gerecht. Warum sollen nur die Überflieger all das Geld bekommen?
Warum anstrengen? Selbst wenn ich ackere, bekomme ich keine guten Noten.
30 EUR

3. Jeder bekommt etwas, aber je besser die Noten sind, umso mehr Geld bekommt man.

Das finde ich gerecht!
Ich nicht! Du hast einen Nachhilfelehrer, der dir hilft!
Das könnte gerecht sein, wenn die Schule den Schülern aus einkommensschwächeren Familien zusätzliche Förderung anbietet.
15 EUR
10 EUR
5 EUR

Was findest du gerecht? Würdest du überhaupt eine dieser Methoden wählen?

Viele Menschen akzeptieren ein gewisses Maß an Ungleichheit, solange es nicht zu extrem ist und jeder eine faire Chance hat, nach oben zu kommen.

Das Beispiel ist eh blöd, es wird doch niemand für gute Noten bezahlt!
Vielleicht nicht direkt, aber sie bedeuten in der Regel, dass du später einen besser bezahlten Job bekommst …

Im wirklichen Leben lässt sich das Maß an Ungleichheit nur schwer regulieren. Tatsächlich wird die Schere zwischen Arm und Reich in den meisten Ländern immer größer – in manchen Teilen der Welt schneller als anderswo. Dafür gibt es viele Gründe.

Geld bringt Geld

Wer bereits Geld hat, hat es leichter, durch Zinsen oder große Investitionen noch mehr Geld zu verdienen.

Gehaltsunterschiede

Menschen mit Macht können sich selbst hohe Vergütungen zahlen – und das tun sie oft auch.

Diskriminierung

Wenn Menschen aufgrund ihres Geschlechts oder ihrer Hautfarbe nicht die gleichen Chancen, Gehälter und Rechte haben, wird das als **Diskriminierung** bezeichnet. Sie ist zwar oft gesetzeswidrig, für viele gehört sie aber zum Alltag.

Steueroasen

Die Wohlhabenden finden oft Wege, weniger Steuern zu zahlen. Dadurch werden sie selbst noch reicher und ihre Regierungen ärmer (siehe Seite 45).

Wie aber lässt sich die Ungleichheit nun in Grenzen halten? Dazu gibt es so viele Meinungen, wie es Menschen auf der Erde gibt.

Die Reichen schaffen Arbeitsplätze und bieten Chancen. Wenn wir ihnen helfen, helfen wir damit allen.

Es hilft vielleicht ein bisschen, wenn die Reichen den Armen Geld geben. Meiner Meinung nach müssen wir aber dafür sorgen, dass alle von Anfang an die gleichen Möglichkeiten haben.

Die armen Leute müssen den reichen die Macht abnehmen!

Wenn wir alle dazu zwingen, ihren Reichtum gleichmäßiger zu verteilen, ginge es uns allen besser!

Unehrliche Geldgeschäfte

Warum lieben die Menschen das Geld so sehr? Zum einen, weil sie damit Dinge kaufen können. Zum anderen hat Geld aber auch die Macht, Türen zu öffnen und Menschen zu beeinflussen. Wie können wir dafür sorgen, dass es nicht für unehrliche Zwecke eingesetzt wird?

Geld kann Menschen dazu motivieren, die Welt zu verändern.

10 Millionen Euro Preisgeld
für die Erfindung eines Akkus, der ein Auto so lange antreibt wie eine Tankfüllung

Es kann sogar Regierungen beeinflussen.

Ein Zuckerunternehmen bezahlt mich dafür, Politiker für Gesetze zu gewinnen, die vorteilhaft für es sind. Ich bin ein **Lobbyist**.

Viele Leute finden es okay, wenn Preisgelder für die Entwicklung von Innovationen ausgeschrieben werden. Sie finden es vielleicht auch fair, Lobbyisten für die Einflussnahme auf Regierungen zu bezahlen. Beide Modelle können jedoch missbraucht werden. Dann sprechen wir von **Korruption**. In den meisten Ländern sind Antikorruptionsgesetze in Kraft, aber sie sind nicht immer wirksam.

Psst! Könnten Sie bitte dafür sorgen, dass die Unibewerbung meines Sohnes auf dem richtigen Stapel landet?
Angenommen
Abgelehnt

Wenn jemand Geld bezahlt, um eine Regelung zu umgehen oder eine bevorzugte Behandlung zu erhalten, wird das als **Bestechung** oder **Korruption** bezeichnet.

Mein Land möchte Ihnen gern Geld für den Wahlkampf zukommen lassen.
Wir dürfen leider keine Spenden aus dem Ausland annehmen.
Wollen Sie die Wahl gewinnen oder nicht? Überlegen Sie mal, wie viele Flyer und Anzeigen sie damit finanzieren könnten!
Okay, aber wir behalten das für uns. Wir verstoßen damit gegen das Gesetz.

Schlecht für alle

Korruption ist ungerecht und bedeutet, dass Menschen mit mehr Geld auch mehr Macht haben. Sie ist außerdem gefährlich, da sie das Vertrauen der Bürger in Regierungen und Unternehmen schwächt.

Ich gehe in meinem Land nicht mehr zur Wahl. Die Regierung macht sowieso nur, was die großen Unternehmen wollen.

Hingeschaut!

Korruption gedeiht hinter verschlossenen Türen, wo die Beteiligten ganz still und heimlich ihre Geschäfte machen können. Regierungen können gegen Bestechung vorgehen, indem sie …

… Gesetze zur Informationsfreiheit erlassen, die es Bürgern und Journalisten ermöglichen, Organisationen zur Offenlegung ihrer Tätigkeiten zu zwingen.

… dafür sorgen, dass Gerichtshöfe einen Angeklagten frei und unabhängig verurteilen können, egal wie reich oder einflussreich er ist.

… ihren Beamten ein angemessenes Gehalt bezahlen, damit sie weniger anfällig für Bestechungsgelder sind.

… sicherstellen, dass Menschen offen erklären, wenn sie für etwas bezahlt werden. YouTuber müssen beispielsweise sagen, wenn sie für Werbung Geld bekommen.

… von Lobbyisten fordern offenzulegen, was sie tun und wie viel sie ausgeben. So lassen sich Bestechungen leichter erkennen.

Wenn es zu viele Regeln gibt, haben Unternehmen und Bürger es schwer, sie alle zu befolgen – und Regierungen haben es schwer, sie alle zu überwachen. Daher kann es auch mal hilfreich sein, Regeln und Formalitäten abzuschaffen.

Mit Geld protestieren

Wenn Menschen aus Protest bestimmte Dinge nicht mehr kaufen, spricht man von einem **Boykott**. Das mag wie eine kleine Maßnahme erscheinen, hat aber eine große Wirkung, wenn viele dasselbe tun. Dazu ein berühmtes Beispiel:

Anfang des 20. Jahrhunderts stand Indien unter britischer Herrschaft. Das Britische Weltreich verdiente viel Geld an Indien, da es zum Beispiel die indische Textilindustrie kontrollierte.

1. Kaufe billige Baumwolle aus Indien.

2. Transportiere die Baumwolle in britische Fabriken und mache daraus fertigen Stoff.

3. Verkaufe den Stoff in Indien und auf der ganzen Welt zu einem hohen Preis.

Stoff:
1000 Rupien
pro Meter
Das ist nicht fair!

Der politische Aktivist Mohandas Gandhi, auch bekannt als Mahatma Gandhi, forderte seine indischen Landsleute dazu auf, britische Produkte, insbesondere Baumwollstoff, zu boykottieren und eigene Textilien herzustellen.

Die Tuchfabriken in Großbritannien werden weniger Geld verdienen. Großbritannien wird merken, dass Indien keinen Gewinn mehr einbringt, und seine Geschäftstätigkeit woandershin verlegen.

Niemand kann genau sagen, wie viele Menschen die Stoffe aus Großbritannien boykottierten. Mit der Ausbreitung des Protests schlossen sich aber immer mehr Inder der Unabhängigkeitsbewegung an. Das führte viele Jahre später, im Jahr 1947, schließlich zur Unabhängigkeit Indiens.

Diese Art von Protest – mit Geld und ohne Gewalt – inspirierte viele Menschen auf der ganzen Welt dazu, für ihre Rechte zu kämpfen.

Das Spinnrad wurde zum Symbol der indischen Unabhängigkeitsbewegung und ist sogar auf der indischen Flagge zu sehen.

Die Macht der Verbraucher

Unter „Macht der Verbraucher“ versteht man, dass Verbraucher die Entscheidungen der Unternehmen beeinflussen können. Hier findest du einige Beispiele dafür.

Wechseln

Anstatt bestimmte Dinge gar nicht mehr zu kaufen, kannst du zu einem anderen Anbieter wechseln. Der Verlust von Kunden kann Unternehmen zum Umdenken bringen.

Ich will nicht, dass Hühner in engen Käfigen gehalten werden, daher kaufe ich ab jetzt nur noch Eier aus Freilandhaltung.
BAUER GROSS
Standardeier
BAUER GRÜN
FREILANDEIER
Immer weniger Leute haben unsere Eier gekauft und wir haben große Verluste gemacht.
Daher haben wir ebenfalls auf Freilandhaltung umgestellt. Die Eier sind etwas teurer, aber wir schreiben wieder Gewinne.
BAUER GROSS

Schreiben

In einem Brief oder einem Beitrag in sozialen Medien kannst du Unternehmen schreiben, was die Verbraucher über ihre Produkte denken.

Warum sind alle Ihre Kleidungsstücke für Mädchen PINK?

Spenden

Spende Geld für Organisationen, die sich für ein verantwortungsbewussteres Verhalten von Unternehmen einsetzen, zum Beispiel in Sachen Umweltschutz.

Nein zu Plastik!

Ich habe weder die Zeit noch das Geld, wegen all meiner Wünsche und Ansichten zu wechseln, zu schreiben oder zu spenden. Die Regierung sollte sich darum kümmern.
Das stimmt! Aber Regierungen haben in der Regel keinen großen Einfluss darauf, was globale Unternehmen tun. Verbraucher können schneller für Veränderungen sorgen, insbesondere wenn es sich weltweit herumspricht.

Erfolgreich verhandeln

Eines Tages wirst du sicher in die Situation kommen, in der du verhandeln musst, um ein besseres Geschäft zu machen. Hier sind einige hilfreiche Tipps, wie du erfolgreiche **Verhandlungen** führst. Dabei kann es um einen Handyvertrag, ein fehlerhaftes Produkt in einem Geschäft oder sogar um dein Gehalt gehen.

Kannst du auch in diesem Jahr für uns als Babysitter arbeiten? Sind die üblichen acht Euro pro Stunde okay?
Ich würde schon gern, aber …
Sammle Informationen, um deine Forderung mit Fakten untermauern zu können.
… meine Freunde bekommen fürs Babysitten zwischen neun und elf Euro pro Stunde.
Außerdem bin ich umgezogen und der Weg zu Ihnen ist jetzt weiter für mich.
Zeige der anderen Seite, was du für sie tun kannst …
Ich habe in den letzten zwei Jahren wirklich gern auf Noah aufgepasst. Ich war immer pünktlich, habe mit ihm Hausaufgaben gemacht und wir hatten auch viel Spaß.
… und frage höflich, wie sie dir dafür entgegenkommen kann.
Ich wäre Ihnen wirklich sehr dankbar, wenn Sie mir ab jetzt zehn Euro pro Stunde zahlen würden.
Brich ab, wenn du nicht weiterkommst, aber sei auch bereit für einen Kompromiss.
Okay, ich verstehe. Wie wäre es, wenn wir deinen Stundenlohn auf neun Euro erhöhen? Außerdem bezahlen wir dir ein Taxi für den Heimweg.
Abgemacht!

So wirst du Milliardär

Eine Milliarde ist SEHR VIEL Geld. Würdest du mit einer Zahl pro Sekunde bis zu einer Milliarde zählen, bräuchtest du über 30 Jahre dazu. Wie schaffen manche Menschen es, an so viel Geld zu kommen?

Das Milliarden-Baby
hat das Geld von der Familie geerbt.

Danke, Mama!
$
£
¥

Startkapital: groß
Zeitaufwand: klein
Risiko: niedrig
Erfolgschancen: hoch

Die Investorin
hat investiert, bis es Milliarden geworden sind.

Klingel!
Klingel!
Klingel!
Klingel!

Startkapital: mittel
Zeitaufwand: groß
Risiko: sehr hoch
Erfolgschancen: niedrig

Die Erfinderin
hat etwas erfunden, das alle haben wollen.

Spielzeug, das im Dunkeln leuchtet!

Startkapital: unterschiedlich
Zeitaufwand: unterschiedlich
Risiko: mittel
Erfolgschancen: sehr niedrig

Der Unternehmer
führt ein oder mehrere große Unternehmen.

FÜRIMMER 22
Ich bin der Boss!

Startkapital: unterschiedlich
Zeitaufwand: groß
Risiko: hoch
Erfolgschancen: niedrig

Auch wenn theoretisch jeder Milliardär werden kann, sind die meisten Milliardäre über 55 Jahre alt und wuchsen in einem wohlhabenden Land auf. Zwei Drittel von ihnen besuchten zudem eine Universität.

Eine weitere wichtige Voraussetzung ist Ausdauer. Die meisten Milliardäre scheitern, machen riesige Verluste und müssen ganz von vorn anfangen, bevor sie sich auf ihren Reichtümern ausruhen können.
ERFOLGE
MISSERFOLGE

Es gibt kein Patentrezept, wie man Milliardär wird. Oft hört man davon, dass jemand ganz klein angefangen hat und dann ganz reich geworden ist – aber das sind die Ausnahmen. Die meisten Milliardäre hatten schon von Anfang an sehr viel Geld.

Wie viel ist genug?

Stell dir vor, du und vier deiner Freunde werdet unabhängig voneinander gefragt: „Wie viel Geld brauchst du, um ohne anderes Einkommen bequem und zufrieden für den Rest deines Lebens zu leben?“ Wer die niedrigste Summe notiert, bekommt das Geld. Was würdest du aufschreiben?

Es geht darum, eine Summe zu nennen, die einerseits hoch genug ist, um deine Grundbedürfnisse zu decken, aber andererseits niedrig genug, um das Geld überhaupt zu bekommen. Wie viel jemand für ein bequemes Leben braucht, ist von Person zu Person verschieden.

Ich möchte auf jeden Fall später Kinder haben. Das sind mehr Münder, die gefüttert werden müssen.
Eine Person, die sich um andere kümmert, braucht unter Umständen mehr Geld als jemand, der allein lebt.
Die Kosten für die Grundbedürfnisse sind von Ort zu Ort verschieden.
In meiner Stadt sind die Kosten für Lebensmittel und Wohnraum sehr hoch!
Um die Summe niedrig zu halten, musst du genau überlegen, was du wirklich brauchst und worauf du verzichten kannst.
Meine Oma sagt, Frohsinn und Erfüllung kommen von innen heraus und haben nichts damit zu tun, wie viel Geld man hat.
Ich brauche vielleicht jemanden, der mich pflegt, wenn ich älter bin, aber ich muss auf jeden Fall nicht jede Woche ins Kino gehen.
Ich möchte nicht nur das Nötigste im Leben. Einige kleine Extras wären schön. Was macht Spaß und kostet nicht so viel?

Eine richtige Antwort gibt es nicht. Außerdem ist es ausgesprochen unwahrscheinlich, dass du jemals vor diese Entscheidung gestellt wirst. Die Frage zwingt dich jedoch dazu, die kleinste Summe zu nennen, die „genug“ für dich wäre. Bestimmt ist es weniger als eine Milliarde!

Wie geht es weiter?

Beim Lesen dieses Buches hast du wahrscheinlich festgestellt, dass es nicht nur *einen* Weg gibt, wie du mit deinem Geld am besten umgehst. Außerdem hast du mitbekommen, dass es viele Arten gibt, wie du über Geld sprechen oder sogar denken kannst. Das liegt daran, dass Geld ein ausgesprochen persönliches Thema ist. Es geht dabei um dein Verhältnis zu anderen Menschen – um deine Zukunftspläne, deine Arbeit und auch um die Versprechen, die du gibst.

Gleichzeitig ist Geld etwas, das dich mit fast jedem Menschen auf diesem Planeten verbindet. Wenn Geld von Hand zu Hand und von Unternehmen zu Unternehmen wandert, wird ein weiteres Glied zu einer Kette von Transaktionen hinzugefügt, die Tausende von Jahren zurückreicht und die ganze Welt umspannt. Darum ist das Thema so wichtig.

Denke sorgfältig darüber nach, wie du dein Geld nutzt – ob du es ausgibst, sparst oder verdienst. Du könntest damit anfangen, ein Haushaltsbuch zu führen.
Verfolge die Nachrichten, damit du weißt, was um dich herum passiert. Gibt es eine Sache, für die es sich zu spenden lohnt? Trifft die Regierung gerechte Entscheidungen? Wie sieht es mit Banken und Unternehmen aus?
Nutzt du dein Geld auf gerechte Weise?
Vergiss nie, dass Geld für sich allein wertlos ist.
Es bekommt erst einen Wert, wenn du es für etwas verwendest …
… und was das ist, liegt ganz allein bei DIR!

Worterklärungen

Hier findest du Erklärungen für einige Begriffe, die in diesem Buch vorkommen. Wörter in *kursiver* Schrift werden in anderen Einträgen erläutert.

Aktie: ein *Wertpapier*, das den *Anteil* an einem Unternehmen verbrieft.
Aktionär: jemand, der *Aktien* oder *Anteile* an einem Unternehmen hält und einen Anspruch auf einen Teil des Gewinns hat.
Anleihe: langfristige Schuldverschreibung, die von Regierungen oder großen Unternehmen verkauft wird.
Anteil: die Beteiligung am Kapital einer Firma.
Armut: wenn Menschen nicht genug Geld oder Einkommen haben, um ihre Grundbedürfnisse wie Nahrung und eine Wohnung zu decken.

Bankkonto: eine Aufzeichnung von Geldein- und Geldausgängen für den Kunden einer Bank. Der Kunde sieht, wie viel Geld ihm zur Verfügung steht.
Bargeld: Geld in Form von Münzen und Banknoten.
Betrug: wenn eine Person eine andere Person belügt, um z. B. an deren Geld zu kommen; in der Regel strafbar.
BIP: Bruttoinlandsprodukt; der Gesamtwert aller Waren und Dienstleistungen, die von allen Menschen und Unternehmen eines Landes in einem Jahr produziert werden.
Börse: ein Ort, an dem *Aktien* gekauft und verkauft werden.
Börsenmakler: eine Person, die an der *Börse* kaufen und verkaufen darf.
Boykott: wenn viele Menschen vereinbaren, für ein bestimmtes Produkt kein Geld mehr auszugeben.
Debitkarte: eine Karte, die mit dem *Bankkonto* verbunden ist und mit der eine Person direkt für etwas bezahlen kann.
Defizit: wenn Unternehmen oder Regierungen mehr Geld ausgeben, als sie einnehmen
Deflation: wenn die Preise in einem Land im Gesamtdurchschnitt sinken.
Derivat: jede Art von Geld, dessen Wert von einer anderen Form von Geld abgeleitet ist, z. B. Waren, Dienstleistungen oder *Vermögen*.
Diversifikation: die *Investition* in verschiedene Anlageformen, um das Risiko zu mindern.

E-Geld: eine elektronische Form von *Bargeld*.
Europäische Zentralbank (EZB): gesamteuropäische Notenbank, zuständig für die Steuerung der europäischen Geld- und Währungspolitik. Verantwortlich für die Stabilität des Euro und die Geldversorgung im Euroraum.

Fälschen: die Herstellung falscher Banknoten oder Münzen.
Finanzen: das Geldwesen und alles, was damit zu tun hat.
Finanzierung: das Geld, das für ein Unternehmen oder Projekt erforderlich ist.
Finanzinstrumente: *Verträge* zwischen Personen, Banken oder Unternehmen, die den Austausch von *Bargeld*, *Vermögen* oder *Derivaten* betreffen.

Gehalt: regelmäßige Bezahlung für geleistete Arbeit, in der Regel monatlich.
Geldwechsel: das Tauschen von Geld von einer *Währung* in eine andere.
Geschäftsbank: eine Bank für Einzelpersonen und Unternehmen, bei der sie Geld sparen und *Kredite* beantragen können.

Girokonto: eine Kontoart, bei der einfach und jederzeit auf das Geld zugegriffen werden kann.
Gläubiger: eine Person, eine Bank oder ein Unternehmen, das einer anderen Person Geld leiht.
Goldstandard: ein altes Geldsystem, in dem der Wert einer *Währung* an den Wert einer bestimmten Goldmenge gebunden war.
Guthaben: Geld, das jemand von einer Bank oder einem Unternehmen leihen kann und das dann zu *Schulden* wird.

Haushaltsplan: eine schriftliche Aufstellung aller Einnahmen und Ausgaben, entweder für eine Person, ein Unternehmen oder eine Regierung.
Hypothek: ein *Kredit* bzw. das Pfandrecht an einer Immobilie (einem Haus oder Grundstück). Damit wird das Darlehen abgesichert, das für ein Haus oder Grundstück verwendet wird.

Inflation: wenn die Preise in einem Land im Gesamtdurchschnitt steigen und der Wert einer *Währung* sinkt.
Insolvenz: wenn jemand nicht in der Lage ist, seine *Schulden* zurückzuzahlen, und sein Besitz verkauft wird, um die *Gläubiger* auszuzahlen.
Investition: die Verwendung von Geld für etwas, z. B. ein Kunstwerk oder *Anteile* an einem Unternehmen, das hoffentlich an Wert zunimmt.
Investmentbank: eine Bank, die von Regierungen, Unternehmen oder wohlhabenden Einzelpersonen beauftragt wird, um Geld für teure Projekte zu beschaffen.

Kontoüberziehung: wenn mehr Geld ausgegeben wird, als tatsächlich auf einem *Bankkonto* ist.
Kosten: Geld, das ein Unternehmen ausgibt, bevor es seine Produkte verkaufen kann.
Kredit: Geld, das einer Person oder einem Unternehmen geliehen wird und das zurückgezahlt werden muss, in der Regel mit *Zinsen*.
Kredithai: ein Unternehmen oder eine Person, die widerrechtlich *Kredite* vergibt, oftmals zu einem sehr hohen *Zinssatz*.
Kreditkarte: eine Karte, mit der eine Person für Waren oder Dienstleistungen mit ihrem *Guthaben* bezahlen kann. Kreditkarten gewähren dem Karteninhaber häufig einen *Kredit*.
Kreditsicherheit: *Vermögen*, das *Gläubiger* von Personen oder Unternehmen einfordern, wenn diese ihre *Schulden* nicht zurückzahlen können.
Kreditwürdigkeit: Banken entscheiden mithilfe eines bestimmten Systems darüber, welchen Kunden sie einen *Kredit* gewähren.
Kryptowährung: eine digitale *Währung*, die durch mathematische oder kryptografische Methoden online geschaffen, ausgetauscht und gespeichert wird.

Liquidität: die Fähigkeit, jederzeit Geld bereitstellen zu können.
Lohn: Bezahlung für geleistete Arbeit, oftmals pro Stunde berechnet.

Markt: ein Ort, an dem Menschen Dinge kaufen und verkaufen können, oder die Zielgruppe eines Unternehmens.
Milliardär: jemand, dessen gesamtes Vermögen sich auf mindestens eine Milliarde in der entsprechenden Währung beläuft, z. B. 1.000.000.000 Euro.

öffentliche Güter: Güter und Dienste, die von der Regierung für alle bereitgestellt und durch *Steuern* finanziert werden.

Philanthrop: eine Person, die große Mengen ihres Geldes für gute Zwecke spendet.

Profit: Gewinn; Geld, das ein Unternehmen nach Abzug der Kosten für den Betrieb des Unternehmens verdient.

quantitative Lockerung: wenn eine *Zentralbank* durch den Kauf von *Anleihen* von einer *Geschäftsbank* die langfristigen *Zinsen* senkt und so die *Inflation* erhöht.

Regulierung: Gesetze, die sicherstellen, dass Banken und Unternehmen mit dem Geld anderer Menschen keine großen Risiken eingehen, und Unternehmen daran hindern, zu mächtig zu werden.
Reichtum: der Überfluss an gegenständlichen und geistigen Werten.
Rezession: wenn die *Wirtschaft* oder das *BIP* eines Landes über einen bestimmten Zeitraum hinweg abnimmt.

Schulden: Geld, das einer Person, einer Bank oder einem Unternehmen geschuldet wird und das in der Regel mit *Zinsen* zurückgezahlt werden muss.
Sozialhilfe: Geld, das die Regierung verwendet, um die Grundbedürfnisse der Menschen zu decken, die selbst nicht genug Geld haben.
Sparkonto: eine Kontoart, bei der nur manchmal auf das Geld zugegriffen werden kann, das jedoch mehr *Zinsen* einbringt als ein *Girokonto*.
Spendenaktion: das Sammeln von Geld, in der Regel für eine wohltätige Einrichtung oder für einen guten Zweck.
Staatsverschuldung: Geld, das eine Regierung anderen Regierungen oder Banken schuldet.
Steuer: Geld, das Einzelpersonen und Unternehmen an die Regierung zahlen, damit diese es für *öffentliche Güter* ausgibt.

Tauschhandel: der direkte Austausch von Dingen ohne den Einsatz von Geld.

Terminkontrakt: eine Art von *Derivat*, bei der eine Person die Zahlung einer bestimmten Summe verspricht, die auf etwas basiert, was noch nicht passiert ist oder noch nicht existiert.

Vermögen: alle Werte wie z. B. ein Haus, ein Auto oder eine *Anleihe*, die verkauft und *liquide* gemacht werden können.
Versicherung: die regelmäßige Zahlung kleiner Geldmengen an ein Unternehmen, das im Fall eines Unfalles oder eines anderen unvorhergesehenen Ereignisses für den Schaden aufkommt.
Vertrag: eine schriftliche Einigung, z. B. wenn ein Arbeitgeber erklärt, einem Arbeitnehmer für die Leistung einer bestimmten Arbeit ein bestimmtes *Gehalt* zu bezahlen.

Währung: das Geldsystem, das in einem bestimmten Währungsraum allgemein verwendet wird, z. B. Euro oder US-Dollar.
Wertpapier: jede Form eines *Finanzinstruments*, das gekauft oder verkauft werden kann, z. B. als *Aktien*.
Wirtschaft: die Geldmenge in einem Land und wie sich das Geld in diesem Land bewegt.

Zentralbank: die Bank eines Landes und der Banken; ist für die Stabilität des Geldwertes verantwortlich.
Zinsen: zusätzliches Geld, das eine Person zurückzahlen muss, wenn sie sich Geld geliehen hat, sowie Geld, das Banken an Kunden zahlen, wenn diese ihre Ersparnisse bei der Bank hinterlegen.
Zinseszins: *Zinsen*, die zu *Schulden* hinzugerechnet werden, wenn die bestehenden Zinsen nicht zurückgezahlt werden.
Zinssatz: der Prozentsatz eines *Kredits*, der als *Zinsen* berechnet wird.

Register

Ein tolles Team von Fachleuten hat dieses Buch möglich gemacht.

Text:
Eddie Reynolds,
Matthew Oldham & Lara Bryan

Illustrationen:
Marco Bonatti

Redaktion:
Alex Frith

Gestaltung: Jamie Ball &
Freya Harrison

Finanzexperten:
Museum on the Mound, Edinburgh
Martina Collett,
South Thames College, London
Young Money
(www.young-enterprise.org.uk)
Madalena Leão,
HM Treasury UK

Redaktionsleiterin: Jane Chisholm

Leiter der Gestaltung:
Stephen Moncrieff

Übersetzung aus dem Englischen: Jutta Vogt
Satz der deutschen Ausgabe: Tanja Haaf
Redaktion der deutschen Ausgabe: Claudia Fahlbusch
Fachliche Beratung der deutschen Ausgabe: Florian Kirch
Projektbetreuung: Danica Utermöhlen, Cornelia Steuer, Birgit Zimmerer

4. Auflage 2025